国家社科基金青年项目
项目批准号：18CSH007

U0588359

"三社联动"助推社区治理创新研究

王欢◎著

人民日报出版社

北京

图书在版编目（CIP）数据

"三社联动"助推社区治理创新研究/王欢著. —
北京：人民日报出版社，2024.7
ISBN 978-7-5115-8313-0

Ⅰ.①三… Ⅱ.①王… Ⅲ.①社区管理—研究—中国
Ⅳ.①D669.3

中国国家版本馆CIP数据核字（2024）第107769号

书　　名：“三社联动”助推社区治理创新研究
　　　　　 “SAN SHE LIANDONG” ZHUTUI SHEQU ZHILI
　　　　　 CHUAGNXIN YANJIU
著　　者：王　欢
出 版 人：刘华新
责任编辑：刘晴晴
封面设计：中尚图
出版发行：人民日报出版社
社　　址：北京金台西路2号
邮政编码：100733
发行热线：（010）65369527　65369846　65369509　65369512
邮购热线：（010）65369530
编辑热线：（010）65363105
网　　址：www.peopledailypress.com
经　　销：新华书店
印　　刷：三河市中晟雅豪印务有限公司
法律顾问：北京科宇律师事务所 010-83632312
开　　本：710mm×1000mm　1/16
字　　数：174千字
印　　张：13
版次印次：2024年7月第1版　2024年7月第1次印刷
书　　号：ISBN 978-7-5115-8313-0
定　　价：59.00元

序　言

　　习近平总书记高度重视社区治理，强调要"加强社区治理体系建设，推动社会治理重心向基层下移，发挥社会组织作用，实现政府治理和社会调节、居民自治良性互动"。① 社区是人们因地缘、血缘等因素聚集聚合于此，开展生产生活的社会共同体和基本构成单位。在推进城乡社区治理体系和治理能力现代化的大背景下，加强和创新社区治理工作，涉及政府、市场和社会等多元主体关系重塑问题，关乎社会组织承接政府职能转移成效，也关乎民生福祉、良法善治和长治久安。

　　社区是党和政府为民服务的集中场所和治理单元。以社区为平台、社会组织为载体、社会工作专业人才为支撑的"三社联动"机制，是新时代加强和创新社会治理的重要突破点，是避免出现改而不变、忙而少用、假象繁荣、空壳悬浮等"内卷化"现象的举措，也是从干预"行政型"转向协同参与"社会型"的有效途径之一。"三社联动"作为一项机制，自创设以来，无论是在理论阐释还是在实践检视之中，都呈现出社会动员、治理模式和服务供给的新样态，有利于补齐以往社区治理短板，克服活力不足顽疾。因而，持续关注"三社联动"机制建设问题，使之进一步进入社会公众视野和政府政策议程，尤为重要，同时也是一种必然趋势。

　　近年来，我们党和政府高度重视社区治理与发展，尤其通过政策支持、制度引导和发挥多元治理主体的力量和作用，使"三社联动"机制更广泛地融入基层实践之中。纵观政策演进与发展，党的十八大报告首次将

---

① 2017 年 10 月 27 日，习近平在中国共产党第十九次全国代表大会上的报告。

"城乡社区治理"写入党的纲领性文件；十八届三中全会从推进国家治理体系和治理能力现代化的高度统筹设计，创造性地以"治理"代替"管理"，并将其视为社会建设与发展的重要方式和手段；十八届五中全会提出"构建全民共建共享的社会治理格局"，突出新时代加强和创新社会治理的重点任务、中心工作和基础性作用；十九大报告强调打造共建共治共享的社会治理格局，提高社会治理社会化、法治化、智能化、专业化水平；十九届六中全会提出基层治理体系构建的整体构想；二十大报告站在向第二个百年奋斗目标进军的征程上，从制度保障、工作体系、拓展渠道、平台搭建等多个方面谋划社区治理能力提升与效能转化，健全制度体系和治理效能转化，"建设人人有责、人人尽责、人人享有的社会治理共同体"。这些既是对新时代基层社会治理工作的总方向、总要求、总任务的精准表述，也是"三社联动"机制建设的理论指引和依据。

中央层面，密集出台政策，为建立健全"三社联动"机制指明方向。例如，《关于加快推进社区社会工作服务的意见》（民发〔2013〕178号），提出"探索建立以社区为平台、社会组织为载体、社会工作专业人才为支撑的新型社区服务管理机制"；《关于改革社会组织管理制度促进社会组织健康有序发展的意见》（中办发〔2016〕46号），提出"建立社区社会组织与社区建设、社会工作联动机制"；《城乡社区服务体系建设规划（2016—2020）》（民发〔2016〕191号），明确"三社联动"机制的具体内容；《中共中央 国务院关于加强和完善城乡社区治理的意见》（中发〔2017〕13号），要求"制定'三社联动'机制建设"，并细化落地措施。自此，"三社联动"走向更加成熟的发展阶段。2020年10月，党的十九届五中全会通过《中共中央关于制定国民经济和社会发展第十四个五年规划和二〇三五年远景目标的建议》，提出"发挥第三次分配作用，发展慈善事业"，"发挥群团组织和社会组织在社会治理中的作用，畅通和规范市场主体、新社会阶层、社会工作者和志愿者等参与社会治理的途径"。2021年，国务院办公厅印发《"十四五"城乡社区服务体系建设规划》（国办发〔2021〕56号），提出完善多方参与格局，"推动社区与社会组织、社会工作者、社区志愿者、社区公益慈善资源联动开展服务"。该《规划》中，虽未使用"五社联动"字样，但"五社"力量之广度有所拓展，机制之联动性、专业性和动力性得以彰显。

地方层面，创新开展先行先试，探索摸清"三社联动"机制运行经验。为响应政策号召、回应民生需求，一些省份相继出台落地配套政策文件和工作计划，推进城乡社区治理有序展开；许多街道及社区积极响应、跃跃欲试，学术界围绕相关问题开展理论研究。一时间，"三社"主体角色、权力关系与模式，如何"联"与"动"等成为重要议题。经济发达地区率先示范，其标杆效应显著，因其经济高质量发展指数优、社会开放度高、治理基础好、公众参与意识强，整体推进效果显著，形成嵌入式、内生式、引领式、项目式、枢纽式等"三社联动"机制，成为经济欠发达地区学习的样板。相较而言，经济欠发达地区受基础薄弱、社会组织发育较晚、社工人才较缺乏等因素影响，整体进展相对缓慢，无法简单复制已定型经验。

如何进一步提升社区治理效能？如何组织动员志愿力量第一时间下沉社区？如何整合各类社会资源为社区治理创新赋能？如何形成基层社会治理中志愿力量参与的长效机制？多地出台一系列政策予以引导和支持，如《湖北省城乡社区"五社联动"工作指引》《湖北省民政厅关于创新"五社联动"机制 提升社区效能的意见》《关于完善"五社联动"机制助力新时代文明实践志愿服务的意见》等，率先在全国开展从"三社联动"到"五社联动"的机制升级，成为多元治理主体和多样资源融合助力社区治理的范本。

十年来，从中央到地方，从政界到学界，从政府到社会，都在积极理顺各种关系、开展相关工作、提升治理能力，旨在筑牢社会治理之基、夯实国家治理之本。通过扎根实践土壤、创造性推进改革，"三社联动""五社联动"机制呈现出增强社区自治功能的显著优势，是组织动员社区—社会组织—社会工作者有序参与的创新探索。无论是"三社联动"还是"五社联动",其底色是人民底色,出发点和落脚点是增进人民福祉,通过创新基层社区治理体制机制,推动政府治理同社会调节、居民自治良性互动,提升社区治理的社会化和专业化水平。因而,这一颇具中国特色的政策选择和实践课题,成为当前研究热点和重点。

目 录

— CONTENTS —

导　论

　　社区是人们因地缘、血缘等因素聚集聚合于此，开展生产生活的社会共同体和基本构成单位。改革开放以来，我国经济社会经历着深刻的变革和历史性转型，社会治理模式也适时地由"单位制"转向"街居制"迈向"社区制"。社区作为社会治理最基本单元，负责宣传与贯彻党的理论和路线、方针、政策，协助政府做好居民最低生活保障，以及社会治安综合治理、环境美化等项工作。承载着党建、司法、民政、劳动就业、综治维稳、环境、卫健等改革发展所需之繁重任务。

　　面对社会结构转型、经济体制转轨、人口流动性加剧等新形势，呈现出群众主体更广泛、利益需求更多样、社会构成更复杂、风险挑战更凸显等现实局面。如何最大限度地激发社会发展活力，如何最大限度地凝聚基层民智民力，成为党和政府关注的重要课题。2013 年，中华人民共和国民政部正式提出，探索建立"三社联动"的新型社区服务管理机制。习近平总书记在党的二十大报告中进一步部署："健全共建共治共享的社会治理制度，提升社会治理效能""建设人人有责、人人尽责、人人享有的社会治理共同体"。① 自此，一个又一个社区社会组织被培育孵化，一批又一批专业社会工作者大展宏图，"社区—社会组织—社工"协同治理模式于基层实践之中"联"接建立起来，开始释放"动"能。2017 年各地细化实施意见并积极探索，"三社联动"机制建设走向成熟阶段。2021 年国办56 号文件创新性提出"五社联动"。自此，社区多元治理主体更广泛地被

---

① 《高举中国特色社会主义伟大旗帜 为全面建设社会主义现代化国家而团结奋斗在中国共产党第二十次全国代表大会上的报告》，《人民日报》2022 年 10 月 26 日第 1 版。

组织动员起来，在基层社区治理创新中发挥着各自优势和功能。

总体来看，我国的社区建设起步较晚，社会工作者专业化职业化程度不强，特别是各类社会组织，不仅数量较少，而且表现为职能定位和组织定位不清、权责模糊，作用发挥不够、手段单一，制度环境有待改善、执行力较弱，存在一定程度能力建设形式化、引领力弱等问题。党的十八大以来，党和政府更加关注社会组织和社会工作发展，并为其提供适宜的政策空间和发展环境，在内部动力和外部力量的共同作用之下，迎来了持续快速进步。因而，大力培育和发展社会组织、推动社会工作高质量发展成为提升基层治理效能的重要举措，探索建立"三社联动"深度融合机制也成为加强和创新社会治理的必然要求。

作为一项颇具中国特色的社会政策选择，"三社联动"的动机何在？国家和社会取得这一实践成果的理论基础为何？如何实现"1+1+1>3"？在推进国家治理体系和治理能力现代化背景之下，国家、政府、群众以及社会组织等多元主体，如何协同共治？如何孵化、培育和发展各类（社区）社会组织？社区、社会组织与社会工作如何创造性开展合作？政府与社会组织的互动策略是什么？嵌入还是脱嵌？回溯历史、关注当下、着眼未来，在一系列的追问与反思中，我们不断探索与求知，期有所至。

一、研究背景和研究问题

（一）研究背景

1.重大改变：实践先行的"三社联动"

改革开放以来，我国经济社会经历着深刻的历史性转型，社会治理模式也适时地由"单位制"转向"街居制"迈向"社区制"。社区日益承担起基层社会管理与公共服务功能。为更好地满足社区居民多样化服务需求、扩大基层治理主体范围，党委和政府确立了社会化治理理念，以"刚性管理＋柔性关怀"并济的治理手段取代过度行政化管控行为，以强化服务供给的常态化方式弥补社区公共服务不足，以加强基层政权建设健全基层群众自治制度，以创新社会治理体制应对基层社会难题。

2004年，上海市民政局率先提炼出"三社互动"的运作思路。2013年，民政部据此发布《关于加快推进社区社会工作服务的意见》（民发〔2013〕178号）文件，提出探索建立以社区为平台、社会组织为载体、社会工作专业人才为支撑的新型社区服务管理机制。2016年，中央办公厅和民政部发布《关于改革社会组织管理制度促进社会组织健康有序发展的意见》（中办发〔2016〕46号）和《城乡社区服务体系建设规划（2016—2020）》（民发〔2016〕191号）。前者46号文件，首次提出"建立社区社会组织与社区建设、社会工作联动机制"；后者191号文件，明确"三社联动"机制的具体内容。为更好适应新时代社区治理发展要求，2017年发布《中共中央 国务院关于加强和完善城乡社区治理的意见》（中发〔2017〕13号），从健全和完善体系维度，提出"制定'三社联动'机制建设"，明确"充分发挥基层党组织领导核心作用，有效发挥基层政府主导作用，注重发挥基层群众性自治组织基础作用，统筹发挥社会力量协同作用"[①]，并要求各地据此细化落地措施。这是我国首个以党中央、国务院名义发布关于城乡社区治理的纲领性文件，也是首次在中央文件中明确"三社联动"概念和要求，加快政府职能从管理向治理的深刻转变，为社会推进减负增效提供了新发展思路。自此，"三社联动"作为基层社会治理创新的重要议题，备受重视并在各地试点、应用和推广，形成嵌入式、内生式、引领式、项目式、枢纽式等运行形式。"三社联动"机制成为基层社会治理的重要方式，也成为回应社区居民需求、完善社区服务体系、打造共建共治共享社会治理格局的有效途径。

[①]　中共中央 国务院关于加强和完善城乡社区治理的意见 [EB/OL].（2017-06-12）.https://mzzt.mca.gov.cn/article/zt_2018tpgjz/zcwj/zy/201810/20181000012086.shtml.

回顾"三社联动"探索与实践历程，不难发现这是基于社区经验与实践而总结出的治理模式，也是基于政社分工与合作而提炼出的公共服务机制，更是契合社会治理体制改革、提升社会治理能力大势所趋的制度创新。但目前，受经济发达程度、治理水平、政策导向、区域多样性、基础条件、居民参与意识等多方面因素影响，全国各地推进推广"三社联动"机制尚未达到预期设想。不少地区虽已展开试点和实施探索，但对这一新鲜事物接受时间较长、进展缓慢，主要表现为实践中社区居民、社会组织和社区工作者等对"三社联动"的认知、认可和认同亟待提高，政策落实执行力不足，多元治理主体协同度较弱，等等。此外，还要考虑因地因时制宜问题，甚至也会经历逐步试点、试错、止错、纠错的过程，以达到与社区居民实际需求相配适之状态。

2. 政策突破：深化改革的积极性发展

党的十八届三中全会，首次，等提出"社会治理"理念，明确城乡社区治理体制、体系、方式等改革重点任务。十八届四中全会，以"基层社会治理法治化"为社会建设重要目标，强调法治在总格局之中固本强基的定型作用。十八届五中全会提出"构建全民共建共享的社会治理格局"，突出新时代加强和创新社会治理的重点任务、中心工作和基础性作用。十九大报告突出强调"推动社会治理重心向基层下移"；十九届六中全会，指出"健全基层治理体系"的整体构想；二十大报告站在面向第二个百年奋斗目标进军新征程上，从制度保障、工作体系、拓展渠道、平台搭建等多个方面谋划社区治理能力提升与效能转化，健全制度体系和治理效能转化，"建设人人有责、人人尽责、人人享有的社会治理共同体"。

其一，社区是社会的基本构成单位，社区治理是社会治理的基础环节，建立"三社联动"机制是创新社会治理的必然选择。伴随着城镇化进程加快，我国社区治理取得突破性进展，但与发达国家及地区相比，尚有差距和亟待改进之处。站在新的历史起点上，全面学习贯彻习近平新时代中国特色社会主义思想和党的二十大精神，就是要把握社会发展规律和未来发展趋势，结合我国发展现实情境和社区治理发展现状，准确把握城乡社区治理的新定位、新目标和新任务，提高公共服务供给的针对性和有效性，提升社区服务质量和品质，切实满足人民日益增长的美好生活需要。

其二，社会组织是社会治理的重要主体与公共服务供给的有效载体。党的十八大以来，社会组织发展迎来了新的机遇。社会组织改革的时间表、路线图有序推进；（社区）社会组织、志愿组织和群众性自治组织等大力发展起来，进一步激发社会发展活力；社会组织承担起社会责任，承接政府转移职能，起到政府与社会成员之间对话协调作用。在"三社联动"机制中，社会组织处于基层枢纽位置，是连接基层政府和社区社会组织的桥梁纽带，通过政府购买服务和项目制管理等方式，承接起更多社区公共服务事项，围绕社区社会组织孵化培育、技术咨询、平台打造、智库建设、公益传播等方面，深度参与、搭建平台并提供专业引擎。

其三，社会工作是现代社会治理的重要组成部分，在完善治理体系、推动协同治理、凝聚社会资源、化解社会矛盾、发展社会公益、提供社会服务、扩大社区参与、繁荣社会生活、满足居民需求、实现社会稳定等领域有着广泛基础和巨大潜力。[1] 党的十八大以来，社会工作进入蓬勃发展的快速成长期。一是合法化社会工作专业作用：加强政策法规驱动引领力，国家层面出台多项相关法律法规[2]，地方层面制定政府规章，这些均规定"社会工作"深度融入的角色和作用；二是规范化社会工作服务标准：对社工服务伦理、社工项目绩效评估、职业水平评价、社会工作督导、服务机构发展等方面展开标准化建设，基本形成"中央政策引领、综合政策指导、专项政策配套、地方政策支持、行业标准规范"的社会工作制度框架；三是优化专业人才结构：通过学历教育＋职业考试＋在岗培训"三位

---

① 许亚敏．"三社"联动机制建设与协同治理 [M]．北京：社会科学文献出版社，2019 年版。
② 这里提及的法律法规，主要包括《反家庭暴力法》《社区矫正法》《未成年人保护法》《预防未成年人犯罪法》《乡村振兴促进法》《家庭教育促进法》《社会救助暂行办法等》。

一体"培养方式,培养社工专业人才总量达到 160 余万人,专业化职业化队伍素质持续提升,社会工作成为社区治理结构优化的重要推动力。

从实践看,"三社联动"离不开"三社"主体,即社区、社会组织和社会工作专业人才等多元主体协同参与,也离不开"三社""联中动""动中联",唯有三者更好地联合互动起来、深度融合,才能实现更好的发展,这也是建设人人有责、人人尽责、人人享有社会治理共同体的题中应有之义。社区作为基础平台,要主动引入社会组织和社会工作专业人才,以更好应对社区问题、满足社区居民需求;社会组织要扎根社区,吸纳社会工作专业人才,培养其专业化素养和职业精神,使其成为社区治理的具体执行者、社区公共精神的强化者;而社会工作专业人才队伍建设又必须以社区和社会组织为依托,才能有更大发展空间。因此,构建"三社联动"机制,必须协同推进、资源共享、优势互补、相互促进,以此达到"1+1+1>3"的治理合力和综合效用。

(二)研究价值

1. 学术价值

(1)力争拓展研究视角

社区治理是社会治理的基础环节,建设"三社联动"机制是新时代加强和创新基层社会治理的必然要求和重要路径。本课题从社会学、管理学等学科视角,针对当前我国社区治理特征,对社区、社会组织、社工协同治理现状进行实证研究并深入反思,拓展社区研究范畴、丰富社区治理理论,以期在一定程度上对社区建设发展有所启迪。

(2)力争丰富研究内容

社区是社会建设与发展的落脚点,社会组织是现代治理的重要参与主体和公共服务供给的有效载体,社会工作者是践行现代治理理念的具体实施者。"三社"扎根基层,发挥各自优势,展开联动与合作。本课题从历史态和共时态两个层面,探究"三社联动"机制运行过程中的制约因素,并以此为基础构建全面、系统而有深度的对策。

（3）力争提升研究成果

本课题注重质性研究和量化研究相结合，通过多案例比较分析和实证分析，重点梳理具体做法、透视存在问题、挖掘内外原因、总结经验教训和展望未来发展，探索不同类型"三社"高效"联动"的特点；注重发掘并比较国内典型经验的共性与地域个性，形成经验互借互鉴，以期触类旁通，为经济欠发达地区"三社联动"社区治理创新提供可参考路径，形成具有指导意义的研究成果。

2. 应用价值

（1）力求提供新的思路

城市社区是社会治理的前沿阵地，实践先行的"三社联动"机制有着典型特色和实践意义。本课题通过案例分析法等，关注以社区需求为旨向的"三社联动"及其运行逻辑与模式。积极发展社区、社会组织和社会工作者"三社"协同治理，既有利于推动基层治理方式创新，又可以为"国家—市场—社会"等力量介入社区建设形成的互动合作，提供可能方案和可行路径，从而打开新思路。

（2）力求改善策略催新

"三社联动"是创新基层治理的重要举措，其有效实施可以在最大限度上激发社会发展活力，避免出现政府"越位"、社区居委会"错位"、社会组织"缺位"等问题。本课题通过系统梳理、比较借鉴、构建机制等深入研究，旨在拓展社区研究范畴，为更好地形成政社互动关系，改善城市空间治理结构，形成社会公共性向多元形态转型，提供有益策略。

（3）力求应对基层问题

转型时期的城市社区呈现双重二元性特征，"国家—市场—社会"三方力量相互交织与叠加共生，在社区层面显现出不同程度的矛盾、风险和隐患。而"三社联动"机制的有效开展，可以最大限度地聚合各类资源要素，激发社会发展活力，形成社会治理共同体，实现从单兵作战到多元共治的转变，于无形之中也会更好地提高公共服务水平，化解基层矛盾，促进社会和谐稳定。

（三）研究问题

面对社区、社会组织、社会工作者发展的客观现实和实践走向，课题组认为要进一步深化对"三社联动"的认识和理解，探讨转型时期加快"三社"互动的重要性紧迫性、优化路径，以及未来可能的发展走向。具体来说，这些研究问题可以归结为以下几方面：

1. 在中国，受传统思维影响，国家与社会互动模式是怎样的？为何多种类型比较之下，以政府主导为主？课题组认为，对于这一问题的回答，涉及"国家—市场—社会"三方关系，需要从历史维度进行理论阐释并研究其生成逻辑，同时也要从现实维度思考当下从社会管理到社会治理的宏观情境，以及国家和政府对社区、社会组织、社会工作的全景认知和政策导向。

2. "三社联动"得以运作，离不开社会组织的发展和承接。当前孵化、培育和发展社会组织，主要通过政府购买服务、公益创投、社会支持、创设孵化园等方式和渠道，这里面涉及政策支撑导向、地方行动战略、成长环境氛围、孵化技术体系、跨界合作治理、质量评估体系等。本课题研究拟探讨其内源动力、外部资源、运行状况和实施效果等。

3. 对"三社联动"多元主体和多类要素协同与互动的研究，是有效助力基层治理创新的关键所在。简单地说，"联动"意味着联合与协同，以社区居民需求为导向，发挥社区、社会组织、社工以及志愿者和社会慈善资源的各自优势并互为支撑与补充。从被动到主动、从主动到联动，是激发公众参与意识，打造社会治理共同体的重要内容，也是克服社区自治力不足这一结构性难题的重要环节。当前，全国各地的试点成效不一，共性问题是缺少制度性同构、主体性脆弱、各行政区域政策表现也各不相同。从未来趋势看，"三社"独立性、专业性和组织性仍需进一步增强。因而，发展中还要进一步拓展其助推者、建构者、生产者、促进者、倡导者的角色，日渐形成"伙伴式"关系。

二、本研究相关文献综述

（一）国内相关研究的学术史梳理及研究动态

社区是社会治理的"最后一公里"，也是密切联系群众的"神经末梢"和"最后一米"；社区治理效能直接影响社会治理现代化的整体成效。围绕"三社联动"这一重要课题，政界、学界已展开如下研究：

1. 研究起步阶段（1978—2000 年）

伴随着改革开放进程，政企职能分开、社企职能分开步伐的加快，我国社会管理体制大体经历了"单位制—街居制—社区制"的转变。随着社会治理重心不断向基层下移，社区治理的政策导向和制度安排又经历了"社区公共服务—社区建设—社区治理精准化"的转向。社区稳，社会才稳。在发展过程中，社区为社会组织、专业社工机构和社会工作者等有效参与提供了平台和土壤，更激活了内生力和创造力。

相关研究围绕三个方面展开：（1）关于社区服务发展。罗江源（1990）认为，社区服务与社会发展密切相连，要以社区群众需求为导向，亟须引导社会组织吸纳专业社会工作人才。闫革（1993）认为，城市社区服务的发展，缘于城市经济体制改革的推动、消费需求向高层次的变化、家庭服务功能的弱化、社会福利事业的崛起、民政工作社会化的转移。（2）关于社区生产结构。孙立平、王汉生、王思斌、林彬、杨善华（1994）认为，改革开放以来中国社会结构发生变迁，传统管理模式已改变，国家与社会完全胶着在一起的互动界面被打破，地方社区开始成为利益主体，社会主体性成长甚至协同进化。（3）关于社区整合功能。李汉林、王奋宇、李路路（1994）认为，城市社区的团结功能弱化、社会互动解组，应建立起社区各要素彼此适应整合与调节机制，减少失范衍生的负效应，降低社会风险与隐患。徐中振（1996），以上海为例，认为提升互助理念和培养公益精神是提高社区居民参与活动积极性的关键，能最大限度激发社会生机活力。夏学銮（1998）认为，按社区服务提供机制的正式程度，可划分为三类：以福利机制维持的正式层次服务、以市场机制为驱动力的准正式层次服务、以互助机制发挥作用的非正式层次服务。

2. 研究发展阶段（2000—2015 年）

作为一项新型社区治理模式，"三社联动"将多主体、各要素和各资源整合起来，彼此联系、协同互动，形成治理合力。社区承接治理单位转移出来的各项服务，孵化培育的社区社会组织为更好满足社区居民需求，承担服务项目并提供专业化服务，也推动了专业社会工作者的成长。民政部（2000）首次颁布了内含"三社联动"理念的政策文件——《关于在全国推进社区建设的意见》，并提出加强政府、社区、社会组织和社工的合作是打造社区治理新模式的关键。2013 年又据此发布《关于加快推进社区社会工作服务的意见》（民发〔2013〕178 号），将"三社联动"作为基层社会治理创新重点工作。

相关研究主要围绕三个方面展开：（1）关于"三社联动"概念内涵与主体分析。叶南客、陈金城（2010）认为，"三社联动"具有五种类型和五大互动元素。王思斌（2015）梳理了"三社联动"的逻辑与类型。徐永祥、曹国慧（2015）从历史实践角度对"三社联动"概念中的行动主体进行了再分析。（2）关于"三社联动"运行困境与具体实践。陈丽、冯新转（2012）认为，治理主体"联动"不协调；翟林（2013），刘德浩、孙海军（2013）认为，治理力量不均衡；孙华（2014）认为，治理主体发展欠缺。裴旋（2012），范志海、肖光鸥（2013），郎晓波（2013），马贵侠、叶士华（2014），王峰（2014）等基于各自地方创新实践，探讨了模式选择及优化策略。（3）关于社会组织参与基层社会治理研究。随着社会组织在国内的迅速发展，国内学者的研究也逐渐增多，主要集中在以下几个方面：①理念与模式转变。靳文辉（2012），曹建萍（2013）认为，社会管理是单向度管控，而社会治理是多向度协作，从社会管理走向社会治理创新是必然趋势。颜如春（2006）认为，"政府与社会强强联合，实现从共治到善治"。丁元竹（2013）认为，激发社会组织的活力是创新社会治理体制的一项重要内容，注重发挥其服务型治理优势。②意义、困境和途径。社会组织在社会治理创新方面具有"应然"行动，而社会组织参与治理面临"实然"困境，包括立法制度层面、监督机制、资金管理、人力资源、参与意识等方面，针对此，学者们纷纷提出制度环境和主体建构的应对之策。③相关实证研究。汪锦军（2012）考察北京和浙江"协同增效""服务替代""拾遗补阙"等三种合作模式；吴巧瑜、王文俊、周潭（2011）基于香港工业总会的个案研究，研究其组织架构和运行机制，认为香港民间商会是社会治理主体，在维护社会秩序等方面凸显治理功能。

3. 研究深化阶段（2015 年至今）

"三社联动"是具有中国特色和创新意义的社区治理模式与服务供给方式，现已得到理论界和实践界的认可，双方共同致力于破解基层治理困境并不断向实践延伸。

相关研究主要围绕四个方面展开：（1）关于"三社联动"实践研究。杨贵华（2016）基于厦门实践，认为要建立社区层面"小联动"和市域层面"大联动"。蒋昆生（2015）认为，要扩大群众参与，将社区治理现代化引向深入。李涛（2015）以北京探索为例，认为要以居民需求和满意度为导向，改革社区治理路径设计，让居民对政策安排和资源投放有决策权。李锐（2015）以广东为例，认为各参与主体应形成由下而上、政社互动的治理效能。（2）关于"三社联动"中的社工参与。①必要性。当前社区治理面临多重困境，王思斌（2012），李芮伟、雷杰（2007）等从专业化优势视角出发，认为社会工作的专业素质和价值追求使社工能够有效回应社区需求，提升社区自治能力。特别是其所采用的个案、小组、社区等多元化方法，能够及时化解社区矛盾冲突。②可行性。吕青（2012），谢建社（2007），徐云、鲍风亮（2009）认为，在基层治理体制不断追求创新的新形势下，作为社会工作重要领域与方法的社区社会工作大有作为，它既是社区服务的提供者、社区教育的参与者、社会福利的传递者，也是社会政策的倡导者、社会正义的维护者、社会和谐的推动者，社区正好为社会工作多种角色的扮演提供了工作平台和发展空间。通过引入社区，可以更好发挥社区整合、社区服务、社区保障等功能。③提升方式。王思斌（2015）提出"服务型治理"概念，朱颖（2012）结合具体工作，探讨社会工作介入社区治理方式（如老人、青少年、妇女、残疾人）和服务领域（如刑满释放人员社区融入、公租房、拆迁安置等）。此外，万亚伟（2012）、张必春（2018）、原珂（2017）、闫臻（2016）等对社会工作者参与社区治理的地方实践进行了模式总结。（3）关于"三社联动"对策研究。闫学芬、郭建民（2016）认为，在服务型政府背景下，进行责任性、民主性、有效性、法治性价值指导的路径优化。顾东辉（2016）认为，主体联动和要素联动是"三社联动"的两个面向。"联"与"动"并存共生。徐选国、徐永祥（2016）认为，"三社联动"内含国家治理背景下各种主体的行动逻辑和互动关系。曹海军（2017）认为，通过综合运用街道—社区双层面的协调机制、协作机制和合作机制，共同推进社区治理水平的提升和社区服务功能的强化。（4）从"三社联动"到"五社联动"研究。王慧、吴猛（2018）研究农村新社区治理问题，提出要健全社区自治体系和推动"五社联动"治理模式；任敏（2021）研究"五社联动"要素、模式及特点；湖北省民政厅（2021）研究"五社联动"的类型及社会工作者专业优势；周易（2000）以广州市 Y 区为例，李锦顺（2022）以广州市番禺区创新探索为例，颜小钗、许娓（2022）以鄂尔多斯为例，肖顺、章蕾、黄悦（2020）以合肥为例，开展个案研究，以"五社"来破解社区治理中的难点、堵点和痛点；刘芳（2021）以广州市番禺区为例，研究党建引领社区协商治理问题；原珂、赵建玲（2022）关注"五社"助力基层社会治理共同体问题；王冰洁（2022）、徐道稳（2022）、任敏（2022）等关注社区基金在"五社联动"中的作用；蒋志豪（2023）在"五社联动"视角下，以荆州市 L 社区为例，提炼"五社联动"实践经验，研究社区多元主体治理协同，提出完善多元主体联动、扩大专业社工队伍、注入社区公益慈善资源、提高社区居民参与度等多项对策。诸多学者关注这一问题，使相关研究进一步深化。从"三社联动"到"五社联动"的创新性探索，体现出参与主体更为专业化的服务属性，多元治理主体和社会资源"渐进式"参与社区治理之中，在深化基层治理创新中发挥着重要作用。

（二）国外相关研究的学术史梳理及研究动态

国外并没有"三社联动"这一术语，其研究语境也与国内略有差异，但却较早展开社区服务、社会政策、社会行政、社会组织、多元治理等相关研究：

1. 研究初始阶段（19 世纪中叶—20 世纪 30 年代）

这一时期，西方政治经济形态和价值观念发生深刻变化，劳资对立和资源分配不公成为当时最本质的矛盾，传导到社会层面，诱发出激烈冲突与危机。此时，倡导渐进式社会结构变革和社会改良等观念，开始备受关注。相关研究围绕两个方面展开：（1）关于社区共同体。德国滕尼斯（1897）提出"社区"一词，标志着社区研究的开始和社区领域的诞生。此后，社会学家迪尔凯姆、齐美尔、韦伯、马克思、帕森斯、马林诺夫斯基、戈尔茨等一大批学者，从社会结构、社会变迁等视角纷纷展开经典研究，在学界形成多种研究范式。（2）关于社区结构。20 世纪初以来，社区治理研究成为社会学、政治学、管理学、经济学等多学科多领域持续关注的主题。由芝加哥学派创立的人文区位学理论，将社区作为空间现象或区域单位来研究。美国帕克认为，社会是一种集体现象，体现的是共同意志，而社区是共同利益体形成的种种联系，反映的是竞争关系。随后，这一划分观点遭到了一些批判，美国的阿莫斯·豪利（1950）提出新正统区位学理论，认为社区是大社会的缩影，注重社区的平衡，制约社区发展的是相互依赖，而非帕克所强调的冲突和解组。后来，美国的邓肯进一步补充，提出"人文区位复合体" POET 要素。

2. 研究发展阶段（20 世纪 30—80 年代）

这一时期，西方国家的工业化进程加快，经济社会快速发展，人口数量迅速增加，城市规模不断扩大，客观上导致社会层面的问题和负面效应显现。学者们围绕社区是否存在、社区研究是否有必要等问题，展开理论分析。相关研究围绕两个方面展开：（1）关于社区发展。资本主义国家享受着工业文明带来的成果，也饱尝其带来的苦果，如城市人口规模膨胀、人口密度加剧、贫富悬殊拉大、劳动者要求改善劳动和生活条件的呼声逐日高涨。旨在恢复社区活力的"社区复兴"运动再次兴起，相关社区建设与发展研究重新回归学界视野。（2）关于治理主体。从理论脉络上来看，形成"精英论"和"多元论"之争辩，并在随后相当长一段时间，成为美国社区研究的中心话题。美国的林德夫妇（1924）和亨特（1953）持"精英论"，认为工业化进程使少数精英成为社区权力结构主体，并控制社区商业。美国的罗伯特·达尔（1953）和道尔·罗伯特（1961）持"多元论"，认为社区政治权力呈多元化发展是一种多元化的民主形式在影响社区决策。权力结构的主体是多元的，没有哪个家族或精英团体可以影响社区发展与决策。美国的威廉·康豪瑟（1959）持中间立场，认为起到承上启下作用的中层组织，是架起民众与政府之间沟通对话的桥梁，其越发达缓冲功能越强，越不易引发对抗和动荡。

3. 研究反思阶段（20 世纪 80 年代至今）

在新技术革命的推动下，经济全球化迅速发展，西方国家原来的社会结构发生了分化并重新组合，公民更多地参与社会治理过程，社会行政改革走向了还政于民的趋势，出现"新自由主义理论"（哈耶克，1974）和"第三条道路理论"（吉登斯，1994）。相关研究围绕三个方面展开：（1）关于社区治理的目的。美国的海伦·苏利文（2001）关注社区社会资本问题，认为社区领导力、公共服务供给与培育社会资本是社区治理的三项核心主题。美国的格兰特·吉尔（2015）认为，在社区治理背景下，新型关系的社区居民守望相助、相互信任，可以增强社区居民凝聚力，对犯罪产生威慑力。（2）关于协同治理。治理主体呈现单一向多元趋势的转向，政府需要与非政府组织、企业以及个人结成伙伴关系进行合作治理。美国的简·库尔曼（1993）认为，无论哪个行动者，政府部门、非政府组织、商业集团还是个体等，其资源库存、能力范畴和活动边界是有限的，需要有建设性地共同参与。英国的马太·F.福音（2001）认为，社会组织是政府与公民之间的桥梁，主张将第三方组织作为社区运作的切入点。美国的甘东和达伊（2003）、昂皮尔（2005）认为，权力和资源的不平衡会影响群体参与协同过程。美国的亚菲和旺多莱克（2003）认为，具有高度对抗性且彼此高度依赖的利益相关者可能会走向较好的协同。社会学家拉斯克和维斯认为，协作领导者必须具备多种技能，包括促进广泛和积极的参与、确保广泛的影响和控制、促进生产性的群体动力和扩展过程的范围。美国的理查德·C.博克斯（2014），从公民治理视角提出了社区治理的公民治理模式。美国的赫尔伯特·金蒂斯和塞缪尔·鲍尔斯（2015）从社会资本视角关注社区治理、互惠与集体行动等问题。（3）关于社区善治研究。学者们纷纷围绕社区意识、社区社会资本、社区组织等问题，展开个案研究和社区研究。美国的特里·库珀（2009）比较纽约与上海两座国际大都市社区居委会的历史与现状，认为纽约社区呈现"高自发—低构建"特征，而上海呈现"低自发—高构建"特征，前者以为居民提供更好服务和参与政策为追求，后者以贯彻落实各级政府行政命令为目标，并主张只有处理好政府参与和社区自组织的关系，才能实现社区善治。澳大利亚的保罗·史密夫（2008）研究澳大利亚传统社会治理，认为社区、政府和市场经济的主导力量，在不同历史阶段此消彼长，特别是在社区治理方面，三方合作可以有效扩大社会参与，促进社会融合。沃尔特·利尔·洛菲、约斯特·普拉杰等（2019），认为治理是成功实施可持续发展政策措施的核心。通过对欧洲国家的样本进行比较分析，探讨治理与可持续性之间的联系，讨论城市发展规划者和决策者对可持续发展的知识有限以及政策整合方面的不足，提出一套评估能力、意愿和承诺的指标。英国的 M. 莱西·巴纳克尔和 J. 尼科尔斯（2023）将 2015 年至 2019 年在英格兰收集的数据进行比较，结果发现公共、私人和公民社会的治理模式与所有权类型不同。

（三）简要评析

如前所述，国内外学者都有诸多社区层面多主体协同治理的理论和实践研究，既有"三社"一方作为独立主体参与社区治理的研究，也有"三社"协同社区治理的研究，这些研究为本课题提供了有益借鉴。

国内学者从社会学、政治学、管理学等理论层面，展开社区治理、社会组织参与社区治理、社会工作者介入社区治理等相关研究；实践工作者从民政工作、社会综合治理等经验层面，研究"三社联动"机制。学界和政界共同助力下，推动"三社联动"研究不断向纵深发展，开始迈向社会为本。特别是随着"三社联动"实践深入，学界对"三社联动"的关注与日俱增，但主要集中在概念界定与内涵、作用与功能、联动方式、运作机制、问题与困境、策略与路径等方面，现有成果较少且较为分散，且大多停留在个案研究层面，主要表现为：零散研究多，整体性研究少；解释性研究多，本质性研究少；解读性研究多，关联性研究少；经验介绍报告多，系统性研究少，特别是缺少多元主体治理协同度实证研究。

国外学者从社区形成、社区环境、社区权利、社会资本、公民自治等视角，对社区进行了大量经典研究，形成众多研究范式，普遍认为社区是重要的治理力量，可以弥补国家和市场在调控和协调过程中的不足，甚至可作为手段上的补充。现有研究虽未见"三社联动"或"三社"协同之提法，但因其社会发育相对成熟和社区自治程度较高，在很大程度上体现出社区治理的要素属性和互联互动特征，如公民参与意识、社会组织发展、社区信息化建设、职业化专业化社会工作者队伍等。整体而言，聚焦社会组织或基金会参与社区（邻里）治理的实证研究多，一些研究角度和切入点带有西式优越色彩，特别是缺少对"三社"等多元治理主体的整体性研究。

因而，我们的研究将从以下方面深入拓展：一是夯实基础，厘清相关理论与"三社联动"本质的关联、功效和学理支撑；二是扩展拓宽，增加共时、历时变化研究，从横向、纵向拓宽研究内容；三是加强解释，增强专业解读，探究背后的社会政策、价值认同、权力关系等。

三、研究方法和研究框架

（一）研究方法

1. 具体方法

研究是一种发现问题—寻找答案的科学方法，而社会研究是社会领域中系统地研究社会现象，产生知识的一整套方法。本课题尝试如下方法，考察"三社联动"机制。

文献研究法。通过收集、梳理以"三社联动""五社联动"为关键词的相关学术文献，查找、调研各省市出台的政策文件、统计资料和档案文献等，为我们的研究提供经验借鉴。以此构建理论分析框架，厘清"三社"功能边界和本质属性，反映"三社"角色定位形态的"应然"和"实然"状态，揭示"三社"等多元治理主体的互动关系和规律。

问卷研究法。本研究采用问卷调查的方法，通过选取模型、构建"三社"等城市社区多元主体治理协同度评价指标、专家打分评测指标、发放回收问卷、实证分析等，对J社区的基层政府工作者、社区工作者、辖区居民、社会组织负责人、专业社工、志愿者和驻街单位人员等进行了社区深度调研，测量出样本整体协同度较弱，进而分析原因，提出优化路径。

多案例比较。为深入研究社区治理问题，我们多次调研，与当地民政部门和街道社区取得联系，以实地观察、座谈会议、研讨会、线上交流等形式，评析"三社联动"的运行成效、协同方式和实践经验。更为重要的是，我们的研究注重多案例比较，找寻不同地区、不同类型的联动优势与不足，通过梳理、比较与提炼，提出具有可行性的推进策略。

简而言之，本课题研究方法的特色和创新体现为"两个突出"：突出问题导向，要求研究方法必须直面现实、回答问题、提出优化路径；突出应用对策，要求研究成果不仅仅是学术理论，还要具有应用和转化价值。

2. 研究伦理

针对我们所做的研究，在深度访谈和问卷调查过程中，绝大多数受访者的态度是积极的、善谈的，我们获取并掌握了第一手资料。当然，深度访谈初期也会面临一些顾虑，很多受访者也会因街道、基层政府部门同志"在不在场"而有不一样的表达。随着访谈深入、"不在场"情境的变化，受访者的态度和言语也会变得更为坦诚，交流与沟通也随之顺利展开。特别是多家社会组织孵化（培育）中心的负责人，会积极地阅读访谈提纲、主动表明见解、畅谈困惑与思考。在整个研究过程中，首先，我们都会事先问询受访者是否可以录音或做记录，如若被拒绝，则采取悉心倾听的方式，回去后凭记忆整理；其次，也会依据研究需要，多次请教和反复确认，以确保事实无偏误；最后，在对问卷数据资料处理过程中，做到了匿名与保密原则，以字母和数字编码。

（二）研究框架

本课题研究以"三社联动"机制运行为主线，以"发现—分析—解决"的问题意识进行逻辑展开，以城市社区"三社联动"机制为具体研究内容，通过阐释和比较，综合运用文献研究法、问卷研究法、多案例比较等，从国家层面，考察国家治理体系和治理能力现代化背景下，政府主导的基层社会治理改革；从地区层面，探究"三社联动"机制建设的理念模式和制度安排；从社区层面，研究"三社联动"机制的运行困境与成效，探索"三社"有序"联""动"的具体路径。

研究思路，如图1所示：

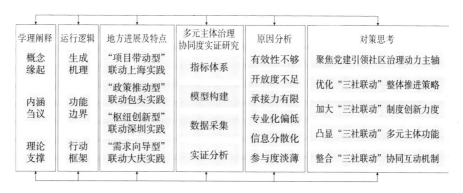

图1　研究思路

技术路线，如图2所示：

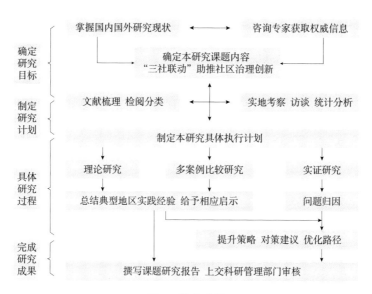

图2　技术路线

四、创新之处和研究特色

（一）创新之处

完善"三社联动"机制，不仅增强国家向基层渗透的力量，也带动个人参与到社区建设中来。一是本课题研究以"国家、社会和个体"结构边界与互动为思考重点，依托资源条件和区位环境，探索多元治理主体的角色定位、衔接与融合。二是本课题研究从马克思主义哲学、社会学、管理学等多学科角度，深入历史的沉积层，探析社区、社会组织和社会工作者的价值功能以及"三社"协同的运作机制，关注其嵌入基层治理的动因。三是本课题研究以社区、社会组织、社工"三社"等多元主体协同度为重点，进行实证分析。我们选取省会城市中具有现代性代表的 J 社区进行问卷调查和深度访谈，对所得数据进行整理、深挖并作出统计分析，进而发现协同度强弱，分析影响因素。当前，对"三社联动"问题研究运用数理模型分析的比较少，也鲜有协同度指标体系构建，我们的研究在此方面有所创新，期望能够为其他学者研究提供一点参考思路。四是本课题研究突出社区政策实践，兼顾经济发达地区和欠发达地区地方进展，从特色典型中进行多案例比较，总结"项目带动型""政策推动型""枢纽创新型""需求导向型"等四种类型特点，重点分析"三社联动"类型的可借鉴性和可推广性。

（二）研究特色

在国家治理体系和治理能力现代化背景下，本课题分析探讨以社区、社会组织和社会工作者为核心的"三社联动"机制，既回应社会热点，又契合改革主旨，是一项较为崭新的应用型课题。顺应社会发展规律，契合时代发展要求，无论是从学理角度还是从日常生活角度来看，国家治理水平和能力事关中国式现代化建设，单纯依靠政府一方力量既不可能也不现实。现代治理必然内涵多元协同与合作，需要党委（党组）、政府、社会组织、驻街单位、社区居民等多元主体共同参与发力。更为重要的是，本课题将"三社联动"的理论构建与迫切需要解决的复杂社区问题联系起来，探讨政策导向、制度规范和有效载体，试图提炼普遍性规律和理论共识，形成更为有效的"联"结、互"动"与行动自觉。

第一章　概念界定与学理阐释

理论为许多研究计划提供了依据，是各项研究展开的基础，理论依据在社会研究中必不可少。党的二十大报告提出"健全共建共治共享的社会治理制度，提升社会治理效能"的战略任务。城乡社区治理是实现中国式现代化的微观基础和重要探索，社区治理空间和活力的释放，离不开社区、社会组织、社会工作者等多元治理主体共建。在很大程度上，三方合作与协同，共同承接起了管理、自治和服务的功能。为确保研究内容的准确性和适配性，我们将在本章就"三社联动"缘起、核心概念、理论基础等予以界定分析。

一、"三社联动"从何而来

（一）"三社""五社"之缘起

"三社"是具有中国特色、实践先行且具有创新特征的社区、社会组织和社会工作者联动机制。目前，学界对"三社联动"术语之缘起仍存较大争议。在 CNKI 上输入"三社联动"关键词，查询到 852 条结果（截至 2023 年 3 月 22 日），其最早的术语出现于 1992 年，但此项研究与 20世纪 90 年代的中国农村经济改革相关。这里的"三社"是指基层供销社、信用社和乡村经联社；而"联动"是指彼此相依，优势互补，形成一支功能齐全、运行自如的基层服务队伍，协调一致地为农业生产服务。[①] 此时，

---

① 侯俊."三社"联动配套服务，农村社会化服务的新路子 [J]. 河北农业科技，1992（6）：8-9.

"三社联动"主要指农村经济活动,并不涉及社区发展与治理。

社区建设与发展中的"三社联动"机制,通常被认为发端于 2004 年,上海市民政局提出"三社互动"。① 而在此之前,上海、深圳等经济发达地区率先实践社工 + 义工的"两工联动"模式,建立起社工引领义工(志愿者)开展服务,义工协助社工改善服务的机制。后来,又以此为基础,增加"社区工作干部"这一主体,称之为"三工联动",或称之为"两工同行"等。探索之初,旨在以社区为平台,以各类社会机构为载体,整合专业力量、人力资源与职业队伍,从而达到社会工作和志愿服务的双赢,以提高社会服务质量,保障服务对象的基本权益。此后,随着社区建设和社区服务不断向纵深拓展,在"三社互动"基础上,为更好地聚集社区、社会组织和社工等分散力量和资源,规范了"三社联动"说法,使之发挥"1+1+1>3"的整体效果。

官方文件中正式表述"三社联动"这一概念始于 2013 年,民政部联合财政部出台第 178 号文件②,提出内含"三社联动"理念的新型社区服务管理机制。该意见出台后,各地方行政部门以此作为"三社联动"的定义,不断丰富和完善"三社联动"的功能、任务、重点和目标。2016 年,中央层面发布第 46 号文件③,首次提出"探索建立社区社会组织与社区建设、社会工作联动机制,促进资源共享、优势互补"。随后,民政部于同年发布第 191 号文件④,涉及社区服务体系建设五年规划与"三社联动"机制的具体内容⑤。此时,国家层面对"三社联动"机制构建的目标指向更明确、联动主体参与范围更具体、考核评价框架体系愈加清晰。2017 年,中央

---

① 曹海军,吴兆飞.社区治理和服务视野下的三社联动:生成逻辑、运行机制与路径优化 [J].华南师范大学学报(社会科学版),2017(6):30-37.
② 《关于加快推进社区社会工作服务的意见》(民发〔2013〕178 号)。
③ 《关于改革社会组织管理制度促进社会组织健康有序发展的意见》(中办发〔2016〕46 号)。
④ 《城乡社区服务体系建设规划(2016—2020)》(民发〔2016〕191 号)。
⑤ 即建立居民群众提出需求、社区组织开发设计、社会组织竞争承接、社工团队执行实施、相关各方监督评估的联动机制。

层面发布第 13 号文件^①，明确要求加强"三社联动"机制建设。这是我国首个以党中央、国务院名义发布的关于城乡社区治理的纲领性文件，也是首次在中央文件中明确"三社联动"概念和本质要求，为加快政府职能从管理向治理的深刻转变、推进社区减负增效，提供了新发展思路。

进入新时代，基层社会治理表现出新特点和样态，在地方积极推进下，相继形成了"四社联动"（增加社区志愿者）和"五社联动"（又增加志愿者和社会公益慈善资源等）。2020 年 10 月，党的十九届五中全会通过《中共中央关于制定国民经济和社会发展第十四个五年规划和二○三五年远景目标的建议》，进一步提出"发挥第三次分配作用，发展慈善事业""发挥群团组织和社会组织在社会治理中的作用，畅通和规范市场主体、新社会阶层、社会工作者和志愿者等参与社会治理的途径"。2021 年，国务院办公厅发布第 56 号文件^②，提出完善多方参与格局，"推动社区与社会组织、社会工作者、社区志愿者、社区公益慈善资源联动开展服务"。第 56 号文件中，虽未使用"五社联动"字样，但"五社"力量之广度有所拓展，机制之联动性、专业性和动力性得以彰显。

当前，学界政界对"三社联动"概念表述略有差异，对其概念内涵和外延的理解也不尽相同，而这主要是由社区、社会组织、社会工作者、联动等概念本身所具有的属性所致，比如社区具有平台性、主体性和目标性等多重特征，可以指场域、组织、居民、议题等，有多种意涵；再如，社会组织既指非政府性组织，也指服务类、商业类、互惠组织，还兼具群众性自治组织（社区社会组织）的特点；再如，社会工作既指专业社工机构，又指专业、职业、过程、方法，有的还属于社会组织范畴；再如，"联动"一词，既指"主体联动"，也指"要素联动"^③。因而，对"三社联动"的内涵界定存在着分歧。但是，随着研究的深入，普遍共识已经达

---

① 《中共中央 国务院关于加强和完善城乡社区治理的意见》（中发〔2017〕13 号）。
② 《"十四五"城乡社区服务体系建设规划》（国办发〔2021〕56 号）。
③ 顾东辉."三社联动"的内涵解构与逻辑演绎 [J]. 学海，2016（3）：104-110.

成，就是要发掘"三社"核心主体的优势，提升社区治理能力，建立共建共治共享的社区治理共同体。我们的研究认为，无论是"两社联动""三社联动""四社联动"，还是"五社联动"，都是以"三社联动"为基础的。从公共场域和行动主体看，离不开社区自治组织、社会组织和社会工作者三大核心的协同与联合，也都体现着从社会管理转向社会治理、从科层制转为网络化、从单一走向多元的话语转换，并在此背景下进行叙事。因而，深入研究"三社联动"协同机制尤为必要。

（二）"三社联动"之提出

转型时期社会结构调整和体制转轨，给基层治理带来巨大风险与挑战。摆脱传统体制和计划经济烙印的单位剥离了社会职能，街居制开始逐步让位于适合市场经济体制的新型社会支持网络——社区制。然而，一时之间，城市社区还无法承载大量下移的社会管理职能和公共服务之责。加之，传统管理行政化问题严重、社区整合能力弱化、社会组织和社会工作发育不健全、与社区居民日益增长的服务需求矛盾持续升级等问题层出不穷，致使基层社会治理呈现出碎片化的特征，特别是居民民主法治诉求、文化形态、价值观念等也呈现出新特点，这些都给基层治理方式带来不小冲击，也相继出现不少治理困境。"三社联动"之提出，是对现实境遇的一种回应和创新，是新时代加强和创新社区治理的实践产物。

从理论层面看，"三社"是独立主体，没有主次之分、先后之序，更没有依附关系。而我们所进行严格意义上的区分与细化，也只是因其所扮演的角色和承担的责任有所不同。从现实层面看，"三社联动"之所以产生，主要是因为新时期社区工作遇到了极大的发展瓶颈，而在社区具体问题解决和操作过程中，"三社"主体活动边界有一定的重合叠加，服务方式和公共性目标也都共同聚焦于现实需求。因而，从一定程度上来说，三者"联""动"有着天然的可能。

1. 社区居民需求多样化与社区服务供给单一化

当前，随着人民生活水平不断提高，社会组织形式、生活方式、交往方式和就业形式均发生了巨大变化。社区日益成为人们居住和生活的重要场所，其构成也日渐多元化，特别是大量退休人员、下岗（失业）人员和流动人员的管理进入社区，使得基层社会治理面临的任务增多、难度增大。具体表现为：其一，社区居民需求和社区公共事务不断扩大所带来的服务供给压力。社区居民个体需求差异化、多样化增大，总量需求呈持续上升趋势，对需求内容和服务质量的要求也大幅提升，基本涵盖了物质、安全、交往、医护康养、环境卫生、民主、法治、精神文化等多维度，社区公共事务日趋呈现出多样化、复杂化和精细化的特点。其二，传统型社区社会组织短期内不具备承接社区公共服务和基层政府委托事项的能力，社会组织和专业社工人数总量少且融合度低，相当长一段时间，政府依然是"主角"，是为居民提供基本公共服务的中坚力量。加之，在社区动员、志愿服务、社会组织培育和对社工机构支持等方面，经济发达地区与欠发达地区差异较大，政府依然是主力，社区居委会很难独立承担和处理复杂多样的社区公共事务。其三，随着社会结构深刻变革，计划经济体制之下社区居委会"万事通"的局面已被打破，也不再是社区居民单一依赖的"万能工"。上面千条线，下面一根针。面对基层事务日渐繁杂，群众诉求日渐多样，社区作为突破基层困难和完成使命的主力军，受到双重挤压，造成社区服务供给总量不足、供需脱节、供给质量和专业化程度偏低等问题，身处社区的居民时常感受不到社区提供了哪些服务，对社区认同感、归属感和服务的满意度不高。这都迫切呼唤新型社区体制改革，也在唤醒"社区—社会组织—社会工作者"等多元治理共同体协同发力。

2. 社区居民参与意愿低与组织动员能力薄弱化

社区公共服务是满足社区居民多元化需求的主要途径，公共服务不能仅依靠单一的行政力量，必须多主体有效供给。而在传统社区管理中，居民只能被动接受政府统一安排的社区活动和服务，自始至终都未能参与服务的设计和实施，有的地方政府甚至都没有征求过居民的意愿和意见，没有追踪过居民的需求感受，更缺少对居民服务满意度的调查反馈。但随着社会的发展、时代的进步，社区居民的民主法治意识逐渐增强，逐步形成"凡事找法、遇事用法"的习惯，也更多地尝试运用法治思维和法治方式来解决涉及自己切身利益的问题。因而，在社区居民参与意愿偏低与社区组织动员能力薄弱之间，形成新的矛盾。一方面，社区注重"刚性管制"，缺少"柔性服务"与人文关怀，社会组织和专业社工机构发展空间被挤压，缺少力量联合，社区居民个性化差异化需求长期得不到承认和满足，满意度和获得感降低；另一方面，尽管居民的社区参与意识和能力日趋增强，但参与渠道相对较少，不少居民有参与意愿、有价值诉求，但受到冷落，长此以往社会发展活力必然受阻，也将再次陷入参与渠道偏窄和参与意愿偏低的恶性循环之中。社会组织承接和实施社区公益项目或活动，是为居民提供多样服务、实现社区参与的重要载体。有学者把社会组织比喻为"鱼"，认为其发展有三种生态：第一种生态是"鱼缸里的鱼"，看上去很美，但实用性不强，需要政府喂食，寿命不长；第二种生态是"鱼塘里的鱼"，实用性较强，但仍需政府喂食，自我生存能力脆弱；第三种生态是"江河湖海里的鱼"，政府只需要投放一些重点培养的鱼苗，就可以让其在竞争中自我生存和发展。受传统体制影响，社会组织的发展过程较为曲折，经历了从整顿清理到监督培育的较长周期，现阶段仍有诸多问题，如数量上供不应求、质量上有待提升，自身发展能力较弱，更多地需要政府"配餐"和"喂食"。特别是在经济欠发达地区，社会组织发育不良、社工专业人才匮乏等，这些问题制约着高质量的社区服务发展，"三社"更难以协同、难以联动。

3.社区行政化倾向与社区自治能力不足

随着经济高质量发展、城市现代化建设不断推进，我国社区也进入各类资源要素加紧流动、分化阶段，居民需求多层次、多样性增长，社区成为各类社会矛盾的积聚地和集中点，基层社会治理工作的复杂性和艰巨性日益凸显，迫切需要基层社会治理社会化、法治化、专业化同步跟进。然而，相当长的一段时间内，我们仍然沿用以政府主导为典型特征的传统社区管理模式。地方政府有着凭借自身优势，有较好的资源整合利用能力，而社区各主体非但没做好足够的对接准备，也没有充分的应对能力，更为重要的是政府与社会的公共服务供给责任边界仍不清晰，主要表现为三个方面：其一，社区职能行政化倾向。受传统思维和工作惯性的影响，政府行政干预力量较大，社区居委会承担着包括计划生育、流动人口管理、社会保障、就业安置、社会治安等政府职能部门或街道办事处下派的行政事务和工作事项。各项活动都要搭班子、设台账、建展板、记录存档。笔者调研发现，虽历经社区体制改革和工作减负，但很多社区组织仍沿用旧有管理手段和方式，将运动式检查、应急性工作、评比性活动作为工作"常态"。有的社区工作人员说，他们所负责的行政工作有几十项，平均每人负责 10 余项。一些政府部门以"管理重心下移""权力下放"为名，把与社区工作相关的事务性工作和任务下派到社区，导致社区负担过重，政府功能错位缺位等现象，使社区难以承担起自治主体角色和居民合法权益代言人的本责。其二，社区自治能力不足。由于传统社区治理主要依靠基层政府的行政干预，资源也依赖于自上而下的供给，且呈现出碎片无序状态。因此，社区居民自治意愿和能力没有得到培育，社区动员力和居民参与力较低，长此以往形成"治理悖论"，即政府干预越强，自治能力越弱。笔者调研发现，很多社区居民认为居委会就是政府机构或执行部门，社区居委会所作即为政府工作。因其作为群众性自治组织作用发挥较少，社区居民对其缺乏认同感，更缺少参与精神，对社区公共事务更是漠不关心。加之，高效、协同、专业的社区治理尚未形成，使得基层社会治理与社会化、专业化、智能化和法治化的目标发展要求相差甚远。

顺时代之势，应环境之变。"三社联动"之提出，正是基于社会发展现实而做出的一项社区服务模式的全新探索。基层社会治理服务的事项、出现的问题、发展的瓶颈和挑战，都需要我们立足于时代和实践需要，在理论和实践层面上，倡导发挥社区、社会组织和社会工作专业人才队伍等多元治理主体的价值和功能，使之优势互补，形成治理合力，提高整体协同度，以更好地满足社区居民公共服务的需求和美好生活的新期盼。

二、"三社联动"内涵刍议

（一）"三社"为何

自"三社联动"一词被提出后，学界和政界对其关注与日俱增。通常意义上的"三社"指的是社区、社会组织和社会工作者。然而，由概念本身视角多元所致，无论是学理解读还是文本表述，均存在着表达含糊、理解偏差、关系指代不清等问题。

在政策文本表述之中，对于"三社"的术语表达曾出现过不同的说法。第一种观点，"三社"是行动主体，将"三社联动"界定为社区居委会、社会组织和社会工作专业人才平等合作与互动；第二种观点，"三社"是抽象概念，将"三社联动"视为社会组织或专业社工机构运用专业方法提供服务；第三种观点，"三社"是多维互动，包括社区居委会、社会组织、社会工作者等多元主体共同参与的行动。除此之外，在政策文件中提及的"三社联动"表述也不一致，主要集中在"第三社"，或是专业社会工作，或是社会工作专业人才，或是社会工作机构，有的地方还提出"四社联动""五社联动"。（见表1）由此可见，其分歧主要聚焦于"三社"是实指还是虚指。本课题研究认为，无论虚实，从公共场域和行动主体看，都离不开社区、社会组织和社会工作者三大主体。因而，本课题研究不做概念上的严格区分，只将"三社"作为一种表述上的统称。

表 1　政策文件中关于"三社联动"之表述比较

时间与部门	政策文件名称	"三社"表述	要素指代
2013-11-15 民政部 财政部	《关于加快推进社区社会工作服务的意见》（民发〔2013〕178号）	建立健全社区、社会组织和社会工作专业人才联动服务机制	社区、社会组织和社会工作专业人才
2016-08-21 中共中央办公厅 国务院办公厅	《关于改革社会组织管理制度促进社会组织健康有序发展的意见》（中办发〔2016〕46号）	建立社区社会组织与社区建设、社会工作联动机制	社区、社区社会组织和社会工作
2016-11-03 民政部 等16部门	《城乡社区服务体系建设规划（2016—2020年）》（民发〔2016〕191号）	健全城乡"三社联动"机制。充分发挥社区的基础平台作用、社区社会组织的服务载体作用、社会工作者的专业支撑作用，建立居民群众提出需求、社区组织开发设计、社会组织竞争承接、社工团队执行实施、相关各方监督评估的联动机制	社区、社区社会组织、社会工作者
2017-06-12 中共中央 国务院	《关于加强和完善城乡社区治理的意见》（中发〔2017〕13号）	推进社区、社会组织、社会工作"三社联动"，完善社区组织发现居民需求、统筹设计服务项目、支持社会组织承接、引导专业社会工作团队参与的工作体系	社区、社会组织、社会工作
2021-12-27 国务院办公厅	《"十四五"城乡社区服务体系建设规划》（国办发〔2021〕56号）	推动社区与社会组织、社会工作者、社区志愿者、社区公益慈善资源联动开展服务	社区、社会组织、社会工作者、社区志愿者、社区公益慈善资源

　　在学界理论研究之中，不同学者依据学科背景、研究视角等不同，对"三社"主体内涵表述也各有差异。比如,叶客南和陈金城（2010）[①]的早期研究认为"三社联动"主要指社区、社区社会组织和社工队伍三者之间

---

① 叶客南，陈金城.我国"三社联动"的模式选择与策略研究[J].南京社会科学，2010（12）：75-80.

的联动，随后的研究[①]又将内涵拓展，将社区界定为"社区场域中的组织、主体和平台"；将社会组织界定为"不仅是具有合法资质的法人社会组织，而且还包括更广泛、更具动态性的社会组织"；将社会工作者界定为"专业的社会工作者、社区工作者和街道干部等"。此外，学者王思斌（2016）将"三社"之内涵，具体化为"社区居委会、社会组织和社会工作者"。[②]虽然学者们的界定各有差异，但多数学者基本认可"社区是平台、社会组织是载体、社工队伍是专业支撑"。[③]

在实践操作层面之中，由于地方政府在政策文献中指代含糊不规范，学界界定仁者见仁智者见智，加之"三社联动"机制涉及的主体又多样多元且纷繁复杂。因而，存在着"一勺烩""一锅装"的现象，各地区具体操作更是不一致。对于社区而言，既视为平台，又视为行动主体，还理解为居委会或基层党政部门（组织）；对于社会组织而言，既指与政府部门、市场企业并列的第三部门，也指现实中存在的自治组织或草根组织（民间自发组织），且这些公益类、文体类社区社会组织在"三社联动"中发挥着重要作用；对于社会工作者而言，既指拥有社会工作专业素养的专门人才，也指持证社会工作者、社区工作者、志愿者等。

（二）"联动"何为

从词源上讲，所谓联动，是指若干个关联着的事物进行同步跟随运动或变化。当前，随着"三社联动"机制的深入开展，对主体和联动的本意逐渐清晰明了，本课题研究认为，有必要进一步明晰"联动"的具体指向，进而避免概念上的误读。

联动是基于平等原则的融合式协作，而非拼盘式结合。为满足社区

---

① 叶客南."三社联动"的内涵拓展、运行逻辑与推进策略 [J]. 理论探索，2017（5）：30-34.
② 王思斌."三社联动"的逻辑与类型 [J]. 中国社会工作，2016（2）.
③ 曹海军."三社联动"的社区治理与服务创新——基于治理结构与运行机制的探索 [J]. 行政论坛，2017（2）：74-79.

居民多样化需求，建立完整意义上的社区，社会组织和社会工作者在此并不是辅助、配合或配角。只有"三社"等多元治理主体开展有效沟通配合、加强信息资源共享、提升共同行动，才是联动的本质和目标。唯如此，"三社联动"才兼具有效性和可持续性。

联动的基础是主体间优势互补、互信互惠和资源整合。换而言之，在提供公共服务、满足居民需求和化解基层矛盾时，"三社"主体都无法单独依靠自身的资源、能力和技术方法来胜任，其共同指向是以基于价值目标内在趋同和项目设计科学合理，以此将各自特有的资源整合、信息互通共享、优势互补，发挥强项和优势，弥补不足和劣势，以期实现融合、互促、共赢的发展结果。

联动是友好协商的过程，而非行政命令式干预和任务摊派。社会组织和社会工作者是具有独立性、专业性的组织，其优势应当予以充分尊重，同样，各主体也都有平等选择合作或退出的权利。因而，即便是当下通过政府主导下的政府购买公共服务和公益创投等方式，也不能把"三社"主体资源的整合误解为资源的简单归并和机械相加，或是通过垄断来进行整齐划一的行动。我们的研究认为，"三社联动"应当是在社区治理目标一致的基础上，有规则地共建共治共享和协同互助互补，最终实现"1+1+1>3"的治理效能。

联动并非只是主体之间的联和动，更深层次的是主体在不同社区事务系统中的要素联动[1]，涉及社区服务、社区建设、社区治理和民政工作领域，都可以针对某一具体的社区议题或服务项目而进行主体、对象、方法、目标和伦理等关联。要素联动取决于社区议题和要素匹配度。在不同的社区议题中，联动的主体责任权重、联动方法和目标的达成都有不同的规则和配置。

---

[1] 顾东辉."三社联动"的内涵解构与逻辑演绎 [J]. 学海，2016（3）：104-110.

（三）"三社联动"何谓

如同"三社"和"联动"的概念界定存有一定争议一样，"三社联动"的共识性的定义也很难界定。结合相关学术文献梳理及实地调研实践，本课题研究认为，"三社联动"是在共建共治共享目标引领下，基于政社分开与合作的理论逻辑，以群众需求为导向、以社区为平台、以社会组织为载体、以社会工作专业人才为支撑的合作互动机制，旨在驱动社会力量，整合社会资源，激发社会活力，提升基层治理效能和公共服务水平。

1. 社区"本位"特征

社会学家对社区的定义各不相同，但对构成社区的基本要素、共识基本一致，主要包括五大要素即地域、人口、结构、生态和心理等。（见图3）结合我国社区建设实践，社区是聚居在一定地域范围内的人们所组成的社会生活共同体，而狭义的社区指的是基层政府、居民委员会和村民委员会。

在"三社联动"机制构建过程中，社区是"三社联动"机制得以运行的平台或场域，同时，也是行动主体和核心要素之一。这一观点，可从三个维度来理解。其一，社区是互动平台。从地域边界和行政区划意义上来讲，社区是一个社会实体，是社区事务得以存在、发生、发展的社会地理空间，即社区是社区建设与发展的活动平台或服务平台。其二，社区具有主体性特征，包含着社区建设活动的具体行动者和参与者，如街道办事处和社区居委会、社区党组织和社区居民等。只有赋予社区"行动者"内涵，才能将其与社会组织和社会工作者等实实在在的互动主体纳入同一维度思考，否则难以进行"联动"分析。其三，社区要体现共同体意识。"三社联动"的落脚点要放到社区建设和社区发展上，若不凸显目的性或目标性问题，则"三社"就没有联动的意义。因此，发挥社区平台作用是"三社联动"机制有效运行之关键。在社区层面，链接社会资源并整合运用，联合多元主体并重塑关系，凝聚情感认同并疏导矛盾，形成适意延伸、消除区域空间界限、精神生活有所归依的共同体，从而提升社区自治力和内部团结整合。

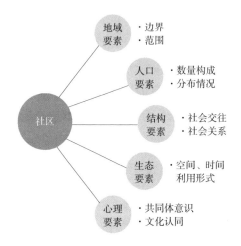

图3 社区各要素

2. 社会组织"载体"属性

区别与政府和企业，社会组织是除政党、政府之外的各类民间性组织，具有非营利性、非政府性、公益性、独立性等特征。社会组织因特定目标而有意识地组合起来，是政府与社会、地方政府与民众相互联系的天然桥梁，发挥着桥介、载体作用，是"三社联动"的重要参与主体。以往的研究，更多的是强调法定意义上的社会组织，即具有合法性资质的法人社会组织。尽管这类社会组织可以"名正言顺"地为社区提供各类服务。但就社区实践而言，依靠法人社会组织的枢纽、孵化收效甚微。只有不断促成社区内各类人群的自治组织化，形成一个个兴趣爱好类、绿色环保类、公益慈善类、法律维权类等社区社会组织，再通过它们将分散于社区的个体进行组织，才会显现出更强大的组织化力量。因而，社区自治组织理应纳入"三社联动"的社会组织范畴。通过社区组织化逻辑，不断培育社区社会组织，以学习培训和多样活动，将居民组织凝聚起来。这也充分彰显从单一法人向多元广泛、从"草根"向"支柱"的转变，进而促进社会组织在"三社联动"中更好地发挥积极作用。

3. 社会工作者"支撑"功能

社会工作秉持"以人为本、助人自助"理念，通过专业价值、专业方法和技术，依托社会工作者外化为向有需要的个体、家庭、社区，提供专业化指导与服务。社会工作者的角色定位于直接服务者、间接服务者和综合角色，是"三社联动"的重要力量（见图4）。

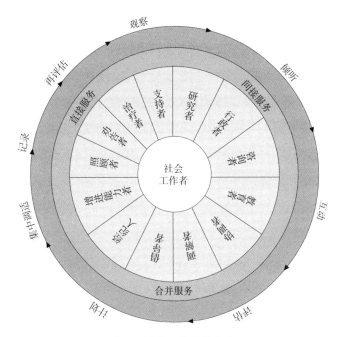

图4　社会工作者的角色

然而，现阶段社会工作者参与社区治理成效尚不明显。一是由高校毕业生构成的专业社会工作者，书卷气重且"接地气"不够；二是通过初级、中级社工师认证的社会工作者，"接地气"有余但专业度不足。为摆脱二者在社区服务与发展中存在的"疏离化"现象，需要结合"专业性与本土性"，形成主体互动与互补，以更好地发挥社区服务供给的"支撑"功能。实践中，可尝试这样的整合逻辑：专业社会工作者通过专业的理念、方法等元素，影响社区工作人员，积极改善和规范社区工作人员的服务心态和行动实践；反过来，社区工作人员则凭借经验、相熟关系等优势，带领专业社会工作者进行走访入户，了解社区居民需求，形成一种"互为师生"的关系格局；在凸显专业社工重要性的基础上，通过整合专业力量与本土力量，化解专业社工发展的"专业化诉求"与"本土化需求"之间的矛盾，切实提高社区工作人员的工作素质，进而壮大专业力量。

4. "三社联动"优势主导

"三社"是平等主体，联动之中不存在领导与被领导、先后、主次等问题，只是在特定社区议题上分工不同和侧重有别。"三社"中哪一方主体在哪项具体社区事务处理上有优势、有长处、有资源，相应的哪一方就承担更多社会职责，其他各方积极参与响应。换而言之，"三社联动"需要的是多种社会力量的联动、协同和共同发力，突出的是优势主导和服务专长，寻求的是共同目标和最大共识基础上的无缝合作与共同发展，体现着共建共治共享中"共同体"的深刻内涵。当然，随着"三社联动"实践的深入和理论的拓展，还需要做多学科、多视角的持续性分析。

三、"三社联动"的理论支撑

（一）公共治理理论

20 世纪晚期，西方社会普遍面临着福利国家财政危机、政府失灵、公民社会发育勃兴，以及众多社会组织迅速成长，公共治理理论在这一背景之下兴起。可以说，公共治理理论是政府公共管理和公共行政理论研究范式变革的产物，旨在探索政府对社会公共事务的新型管理模式。

通过梳理文献，我们发现，不同学科、学者或组织对"公共治理"有着多重解读，发展至今已形成一些基本共识，即认为公共治理的目标是最大限度地满足社会公共需求，增进公共利益；核心是通过合作、协商、伙伴关系、确定共同目标等途径，实现对公共事务的管理。基本观点如下：

1. 公共治理既包括政府机制，同时也包括各种非正式、非政府的机制，[①] 即是由包括政府、私人部门、社会组织、国际组织乃至公民个人在内的多元主体组成的公共性机构体系，在充分挖掘政府以外各种管理工具潜力[②] 的基础上，强调政府与社会的共同作用，重视社会各种组织之间的平等对话和系统合作。

2. 公共治理的权力呈网络化分布，政府不再是唯一的主体和权力中心，更不能依靠政治权威对公共事务进行单一化管理，应依靠合作治理网络，建立在市场原则、公共利益和高度认同基础上，通过政府与其他社会不同主体间的对话、合作、协调、伙伴关系，确立认同和共同目标等方式实现对公共事务的管理。[③]

3. 公共治理主要靠多元主体间的信任、协作与互惠来实现其运行机制，而不是靠政府权威来规范。公共治理的多元主体间具有很强的依赖性和互动性，这是因为参与公共事务治理的各组织都无法拥有足够的知识、能力和资源来单独解决一切问题，所以各组织必须相互依赖，在实现共同目标的互动过程中实现各自的目的。在这个互动过程中，政府扮演着"元治理"的角色，即承担着建立、指导社会组织行为方向和行为准则的重任。[④]

"三社联动"实践非常典型地运用并体现出公共治理理论的基本观点和原则。

在社区治理和社区公共服务供给中，"三社联动"机制很好地将社会组织、社会工作专业人才队伍和社区居民等多元力量吸纳进来，充分发挥政府、市场、社会三大部门中各类组织的优势和潜能，通过平等、协商和互信等机制促使其形成合力，共同管理社区公共事务。这不但有利于破除

---

① 罗西瑙. 没有政府的治理 [M]. 南昌：江西人民出版社，2001：5.

② 胡正昌. 公共治理理论及其政府治理模式的转变 [J]. 前沿，2008（5）：90.

③ 俞可平. 全球治理引论 [J]. 马克思主义与现实，2002（1）：20-32.

④ 娄成武，谭羚雁. 西方公共治理理论研究综述 [J]. 甘肃理论学刊，2012（2）：114-119.

传统社区管理体制中政府一家独大、社会力量薄弱甚至缺席的局面，更有助于把有限的基层治理资源整合起来，发挥最大功能的综合效应，凸显多元主体共同参与的权利和对多样化社区服务的关注，实现公共权力从政府向社区的回归，以及社区公共事务由行政力量的一元化管理或单一部门的碎片化管理向多元主体的合作共治与复合治理转变。

"三社联动"机制通过培育和孵化社会组织，充分发挥其在社区公共服务领域的专业性和优势性作用，促使治理主体多元化、治理内容多样化、治理方式民主化、治理过程协作化发展，有效弥补政府提供社区公共服务的短板，充分体现了多元主体对社区发展的责任分担、社区发展的成果共享，这也十分符合"共建、共治、共享社会治理新格局"的思路。

"三社联动"鲜少自行联动，需要一个召集者和引导者，特别是在经济欠发达地区。由于社会组织等社会力量主动参与社区治理的内生动力略显不足，仍然需要政府出面，适时适度进行宏观主导和强力推动，在试点初期阶段，更要扮演"三社联动"机制运行的规划者、组织者、监督者、经费提供者和政策制定者的重要角色。在发展阶段，随着基础夯实、氛围优化和主体能力增强，如孵化了一定数量的、相对独立的社会组织，以及培育了一批具有专业化、职业化色彩的社工服务机构和社工人才之后，政府角色要逐渐转变，可由服务提供者转变为服务管理者，由服务生产者转变为服务购买者，由服务规划者转变为服务审查者。

在"三社联动"机制运行中，既要强化政府的财力支持和主导推动作用，又要注重对社会组织和公众力量的扶持和放手。特别是在社区具体议题上，应根据自身优势和职能边界发挥彼此的作用，履行好各自的职责，促使社区治理过程更加协调互动、包容开放、人人尽责、共建共享，从而在合作基础上实现系统最优化的社区发展目标。① 这与打造"党委领导、

---

① 肖唐镖，谢菁．"三社联动"机制：理论基础与实践绩效——对我国城市社区建设一项经验的分析 [J]．地方治理研究，2017（1）：40-50．

政府负责、社会协同、公众参与、法治保障"社会治理体制的政策精神高度吻合，也是确保"三社联动"机制运行的重要理论依据之一。

（二）社会资本理论

20世纪70年代，皮埃尔·布迪厄提出"社会资本"概念，而后经过库尔曼和帕特南等发展，形成了各学科解释视角下社会资本理论，并被广泛应用于经济、社会、政治等社会研究中。目前，学界对社会资本概念、内容构成和可测量性尚未达成一致意见，在不同的学科领域也有着不同的内涵拓展。

社会学视域下的社会资本理论研究较为丰富，本研究主要阐释帕特南与林南两位学者的观点。在他们看来，合作、互惠和信任是社会资本理论的核心内容和基本要素，这为"三社联动"机制的实践运行提供了理论支撑。帕特南是美国政治社会学家，其在人力资本和物质资本的对比中来阐释社会资本，并将其界定为"社会组织的特征，例如信任、规范和网络，它们能够通过推动协调和行动来提高社会效率，提高了投资于物质资本和人力资本的收益"[1]。美国社会学家林南认为，社会资本是"嵌入于一种社会结构中的可以在有目的的行动中摄取或动员的资源"[2]。行动者因其社会网络的不同，拥有的社会资本量也不同，当行动者希望增加目的性行动以取得成功的可能性时，他们可获取、动员和使用嵌入在社会网络中的资源，即社会资本。整体而言，社会资本是指蕴含在社会结构关系和社会关系网络中的信任、互惠规范以及合作参与等相关联的资源，[3] 社会学视域下的社会资本理论，是指社会内部的个人和组织在互惠规则规范下长期的内外互动中形成的互利关系，是一种"能够通过推动协调的行动来提高社会效率

---

① 张文宏.社会资本：理论争辩和经验研究 [J].社会学研究，2003（4）：23-25.

② [美]林南.社会资本：关于社会结构与行动的理论 [M].上海：世纪出版集团，上海人民出版社，2005：28.

③ 史斌，吴欣欣.社会资本在社区治理中的功能分析——以社区治理"失灵困境"现象为视角 [J].科学决策，2009（7）：83-88.

的信任、规范和网络"①。特别是在社区社会资本研究的语境中，社会资本理论认为，只有社区内充满合作、互惠、团结、信任等公共精神，具有自觉主体意识、权利意识、参与意识以及由这些精神和意识催发起来的、独立自愿的社区自治组织，才能实现国家与社会的良性互动与合作。换言之，国家与社会的协作是互补和嵌入的结合，互补创造了国家与社会进行卓有成效的互动的基础，而嵌入则使二者通过合作确保双赢的潜能得以实现。②而这种观点与社区治理的本质有天然的契合性。

从实践角度而言，"三社联动"能否取得实效，前提是"三社"有没有联起来的现实可能，而信任、合作、互惠就是基础条件。"三社联动"实质上就是社区利益相关者之间通过沟通协商、互动合作、消除分歧、增进共识、共同解决社区问题的过程，③也是"三社"主体资源互换、能力互补和关系嵌入的具体形式。在当前的社区治理中，不可能依靠单一组织来处理复杂多样的社区公共性棘手问题，社区利益相关者为了更好地满足各自的发展需要和利益诉求，都要尽责参与社区的共建共治。那么，是不是所有的社区利益相关者都可以参与社区集体行动呢？常言道"众人拾柴火焰高"，然而在某些特定社区公共问题的解决上，这一说法并不必然奏效，而是需要在规范、互惠、信任和效率的基础之上，实现不同主体间的有效结合和资源的合理配置。

其一，社区、社会组织和社会工作专业人才在各自活动领域和宏观目标的追求上是基本趋同的。"三社联动"是在寻求共同目标和最大共识基础上的协作互动，各主体既关注自身微观行动目标的实现，也注重宏观共同目标和利益共识的达成，看重协作与合作的意义是"三社联动"得以成功的基础④，公共性价值追求和建设居民为本的生活共同体目标，使"三

---

① [美]帕特南.使民主运转起来[M].南昌：江西人民出版社，2001：192-195.

② 艾伦·罗森布姆，孙迎春.公共服务中的政府、企业和社会三方合作[J].国家行政学院学报，2004（5）：93-96.

③ 王梅.利益相关者逻辑下城市社区的治理结构[J].北京行政学院学报，2008（2）：30-33.

④ 王思斌."三社联动"的逻辑与类型[J].中国社会工作，2016（4）：61.

社"主体间合作有着天然可能。

其二,在社区具体议题上,由于任何组织或个人本身可能存在知识性漏洞、技能性缺陷和资源性短缺等,不可能通过社区或他们自身努力来获得所有需要的资源要素。因此,必须求助其他组织以获得额外的要素[1]。也就是说,为了弥补资源短板以解决共同的问题,必然促使利益相关者采取自愿行动,寻求合作,并进行资源交换来达成组织目标。合作组织彼此间的优势互补逐渐形成了资源依赖,在服务供给过程中发生组织交换和职责任务分工,长此以往,也确保了资源可持续供应,从而为主体间形成嵌入式互动和信任关系提供了现实条件。

其三,行动目标一致并不代表利益相关者就必然能够连在一起,还需要有平等互补的基础、互惠共赢的条件和信任合作的保障。尽管组织间的资源依赖要求决定了彼此要进行协作式的组织交换,[2]但要维持长久合作的互动关系,还需关注利益相关者社会资本的增长和均衡占有。如果"三社"主体的力量关系配置不均衡、利益分配设计不平衡,即使初期实现联动,后续也难以持久。因此,"三社联动"的运行机理,就是要建立均衡的系统内外部关系,积极培育社区社会资本,促成利益相关者在共同价值基础上,通过协同性的集体行动,来实现社区共同利益的最大化。社会资本理论在"三社联动"机制应用方面充分彰显出,政府除了要在基层社区治理上尽可能地放权和赋权,向社会力量让渡发展的空间和资源,强化社区自我发展的能力,还需本着利益互惠、彼此信任的原则,充分整合、盘活和利用社区资产,最大限度地发挥社会组织、专业社工服务机构和社会工作专业人才队伍的社会资本优势及网络影响,促使其在社区公共问题上有平等协商的"话语权",建立信任、支持、共享的规范性关系,实现互惠互

---

[1] Levine E, White P E. Exchange as a conceptual framework for the study of Inter-organizational relationships. Administrative Science Quarterly, 1961(4):583-601.

[2] Mary. E. Guy, Marilyn M, Rubin. Public administration evolving: from foundations to the future. New York and London: Routledge Publish Press, 2015:90.

利、各取所需的协同式发展，进而确保有效的"三社联动"和较高的社区治理效能。

（三）协同治理理论

现代社会事务纷繁复杂、形势多变，往往需要多组织、多部门之间的有效分工与协调合作，协同治理理论在此情形之下应运而生。"协同"一词最早源于希腊语，意思是协调与合作，表达的是一种价值理念。而协同治理作为一种较为前沿的典型理论，源于1971年赫尔曼·哈肯创立的"协同学"（Synergetics），哈肯认为世界就是一个协同系统。协同学主要对有序的集体行为和自组织行为两种现象进行了解释，关注系统从无序到有序的相似性，形成了支配原理和自组织原理。总的来说，协同学是一门研究普遍规律支配下的有序的、自组织的集体行为的科学。① 协同思想就是在开放系统中寻找有效治理结构的过程②，强调的是不同社会主体客体之间的协作。此后，更是被广泛地运用于各大领域之中，也包括被运用于社会科学领域治理理论的反思上。

在社会科学理论研究中，协同治理是运用协同学的相关理论和分析方法对治理理论的重新检视，通过协同产生最大的整体效应是治理理论的核心特质，"协同"是治理理论的核心特征。治理理论自提出和实践以来，围绕怎样实现善治和如何处理国家和社会关系问题产生了很多治理范式，如多中心治理、网络治理、多元共治等。而协同治理理论的产生则成为20世纪90年代以来，关于善治的理论前沿代表："国家与社会良性互动，建立集体决策和共同参与制度，加强公共选择和公共博弈，实现责任共担、利益分享和权力协同"③。一些重要研究，如政府和社会的协作方式、

---

① [德]赫尔曼·哈肯.协同学——大自然构成的奥秘[M].凌复华，译.上海：上海译文出版社，2005年5月版。

② 李汉卿.协同治理理论探析[J].理论月刊，2014（1）：138-142.

③ 燕继荣.协同治理：社会管理创新之道[J].中国行政管理，2013（2）：58-61.

公民参与治理和提高公共服务质量等，成为重要的分析框架和理论方法。从一定程度看，该理论是协同论与治理论的交叉产物。

协同治理理论的核心观点在于："为了实现共同的目标，两个或两个以上的主体各自发挥自己的优势，通过建立长期合作伙伴关系，并综合运用各种工具手段，放大合作整体功效的过程"①。其中，协同治理的主体包括跨越组织、空间边界的政府部门、市场组织、社会组织和公民；协同方式可以是行政手段，或者是技术手段；协同治理的组织是扁平化的治理结构，各主体是平等协商的关系。除此之外，协同治理具有较强的复合性治理效果，需要权衡和满足经济、社会和政治效益的多重维度需要。然而，协同治理是社会治理的一种理想模式，必须在社会资本充分发育和社会力量强大的前提下才能实现。多元主体在资源共享和利益依赖的基础上发挥各自职能，共同参与决策，并协同解决公共问题。虽然该理论提出了多元主体协同治理的美好愿景，但也要注意其局限性：协同治理对于治理的准入门槛极低，允许不同的利益者共同参与决策，且不论完全扁平化的治理网络能否实现，就多元主体共同参与来讲，最终并不一定能实现有效协作。因为在社区治理层面，"协同治理的过程可能涉及谈判和利益较量，但其必须紧紧围绕共同的目标和共享的目的而展开"②。事实上，围绕相同一致的治理目标在现实层面是难以实现的，每个主体或主体所代表的组织都有自身的利益考量，所有参与主体都必须面对共同目标与个人目标的权衡考虑。"相比于个人，协同治理更加强调对于社区或国家的承诺与义务"③，因为政府与市场、社会、公民之间的依赖程度是不同的，结成的伙伴关系不可能是完全平等的。但不可否认的是，协同治理迎合了公共管理改革的新趋势，为治理理论的丰富完善提供了一种范式参照。

---

① 赖先进. 论政府跨部门协同治理 [M]. 北京：北京大学出版社，2015 年版。

② American Lands Alliance, Participants of the National Meeting on Collaboration, Collaboration Best Practices for the Conservation Community[EB/OL].http://www.americanlands.org/issues.php.

③ Bardach, Eugene.Getting Agencies to Work Together:The Practice and Theory of Manaagerial Craftsmanship[M]. Washing, DC:Brookings Institution Press, 1988:17.

　　国内学者对于协同治理的研究主要集中在 2000 年左右，但对于协同治理理论与实践发展，相关研究不是依照西方学术思想的全盘接收，而是在借鉴相关治理理论的基础上，注意理论本身的局限性和在本土的适用性问题，并与我国社会发展实际相结合，形塑中国特色的治理框架和发展中国特色的社区治理体系。总的来说，协同治理就是政府和社会、市场等多元主体共同参与公共事务，协调和合作的过程。具体到社区中的协同治理，强调的是在一定地域范围内，由党建引领下的政府与社会组织、辖区单位和社区居民共同参与社区管理和提供服务，协同推进社区的稳定发展。

　　本研究认为，协同治理理论对于"三社联动"问题研究的适用性和指导意义在于：协同治理理论中多元主体参与的基本论点为"三社"参与社区治理的必要性和合理性作了前提性说明。社区党委和社区居委会是本属于社区的重要治理主体，对于社会组织和专业社工来说，协同治理思想是外部力量嵌入的前提条件和合法地位保障。协同治理理论表明了社区多元主体参与的必然，为外来的社会组织和专业社工的进入和作用发挥，提供了有力的理论环境；对于社区社会组织来说，多元主体的协调配合是培育发展社会组织过程中的必然途径，在此基础上，又反向疏通社区社会组织参与社区事务的渠道，推动其有效参与社区治理工作。总体来说，社区作为基本治理单元，呈现出的是多元主体格局和复杂互动网络的社会治理缩影，需要协调多元主体才能实现社区和谐发展。协同治理理论的运行机制成为社区多元主体"联动"的路径使然。资源分配问题、利益差异性使得社区必须形成合理的社区功能和结构，促使多元主体"联动"与协作，寻求各方利益的最大公约数，才可能达到社区有效治理。当然，协同治理理论的核心也正是"三社联动"的出发点和落脚点，最大限度地释放社区各主体的自治能力，实现主体间协作的正效应更是实现社区自治和善治目标的选择。

第二章 "三社联动"的生成机理及行动框架

"三社联动"是一项涉及多元治理主体协同参与、社会力量组织动员、慈善等社会资源衔接的新型基层社会治理模式和机制创新。其构建离不开社区、社会组织、社会工作者"三驾马车",但三者之间绝非简单地相加和组合,而是基于政社分开与合作的理论逻辑,打破原有的服务提供方式,以实现政社互动、社社联动、"1+1+1>3"的实践过程。其治理结构表现为内生式和嵌入式两种模式,包括政府购买服务机制、公益创投机制和设施项目外包机制。"三社"关系能否持续下去?其可能和可为的发生学机理是什么?本研究认为,只有将"三社联动"置于基层社会治理的特定场域,从主体性视角找准"三社"的结构性位置和动力机制,才能更好地展现其内在生命力和运行轨迹。

一、"三社联动"的生成机理

(一)内在动力

基层治理是国家治理的基石,统筹推进城乡社区治理,是实现国家治理体系和治理能力现代化的基础工程。推进国家治理体系和治理能力现代化,社区治理只能加强、不能削弱。近年来,政府越来越重视社区发展和服务,注重推动社区多元主体承接政府公共服务,并与之共同参与治理的职责。"三社联动"之出现,回应的是社区居民利益诉求,满足的是社区居民实际需求。从实际运转情况来看,出现了不同区域,如经济发达地区和欠发达地区之间运行情境的不确定性、复杂性和特殊性。因而，"三社联动"如何运行？其可能和可为的发生学机理是什么？这是关系到其能否可持续发展的重要问题。

在社区层面，"三社"主体包括居民委员会、社会组织和社会工作者，三方主体建构互补关系并进行资源整合，这也是"三社"能够"联"起来的基础，但要真正持续地"动"起来，则离不开"三社"内生动力和外在推力的共同作用。其中，内在动力是"三社联动"机制生成的关键。在基层社会治理的具体情境下，联动主体具有不同的目标取向、角色划分、行为逻辑和影响因素，其在具体议题上的行动策略和态度具有较大的差异性和倾向性，会对"三社联动"实践产生不同程度的影响。从"三社联动"的起因和初衷来看，追求社区公共需求和利益诉求的最大限度满足则是"三社联动"的内在动力，否则其在社区生发的土壤就不复存在，而且在满足社区居民公共需求过程中，"三社"主体可以从不同角度来实现自身存在的价值和活动目标。换言之，社区居民需求是"三社联动"的起点，而满足社区居民的利益需求是社区治理主体联动的本质追求。

其一，社区居委会作为群众自治性组织，其成立的初衷就是要实现居民"自我管理、自我教育、自我服务"的目标，参与联动的初心就是要基于社区公共利益的实现和公共需求的满足，在社区共同价值观的引导下，不断产生自我管理与自我服务的潜在动力。随着城市化进程加快、人口流动加速和社会结构调整，社区居民服务需求差异化、多元化和层次化特点越来越明显，单一、保守、封闭的政府主导供给型模式已远远不能满足社区居民的现实需求，街道办事处和居委会在服务居民的过程中出现资源不足、专业化程度不够等"心有余而力不足"的情况，迫切需要提升社区治理科学化、精细化水平和组织化程度，也从另一侧面推动寻求可以展开合作的其他社会主体，以实现资源要素互补，更好地促进社区的共建共治。

其二，从根本上讲，社会组织参与联动的内在动力，是政府让渡发展空间、专门进行孵化培育的结果。社会组织在政府的支持之下，承接了政府转移的社会服务职能，成为广大群众有序表达利益诉求和自我管理、自我服务的载体。也就是说，社会组织的发展可以弥补社区公共服务供给不足，化解社区各类较为棘手的矛盾，优化形成事务共商、活动共办、服务共做、阵地共用的基层社会治理联动格局。此外，社会组织自身也会因其成为社区居民需求的汇聚者、社区服务的递送者，而获得参与社区治理的广阔舞台，在办好一件件老百姓操心事、烦心事中提升群众获得感、幸福感、安全感。可以说，社会组织向上可承接政府的转移职能并赢得政府的政治信任，向下可服务社区居民并凝聚社会共识，以此更好地实现组织的能力提升、社会价值彰显和可持续发展。

其三，社会工作者和专业社工服务机构参与联动的动力类似于社会组织。社会工作者可以利用专业优势，深挖需求背后的真实原因，并运用科学的助人方法参与社区治理，回应社区居民的现实需求，承担起助人自助、调解社会矛盾的社会责任，实现促进社会正义、增进社会福祉的使命和价值。以广州市番禺区为例，调研发现，目前，社会工作机构已经入驻番禺区的所有 16 条街道和农村社区，在社会治理中发挥了主体性的作用。在"三社联动"中，社工组织在与社区充分合作中已经形成了合作经验和信任基础。专业社工机构将市场、政府、社会三方优势进行整合，从而实现服务优势叠加和规模增长。在调动社会资源、调解贫富差距、缓解社会矛盾、促进社会公平等方面，发挥着举足轻重的作用。随着时间的延长，绩效越来越清晰地展现了出来，特别是在社区为老服务、助残服务、青少年服务、救助帮困等方面发挥专业优势，获得社会的支持和群众的认可。

其四，社区居民参与"三社联动"的内在动力显而易见，毕竟"三社联动"的目标就是服务社区居民，满足其社区居民多样化需求，实现其利益诉求，为自己谋福利的事当然愿意参与。但实践研究表明，社区居民参与度并不是太高，这与上述理论逻辑推导出的结论形成矛盾。调研发现，一些社区共同体意识不强、居民异质性需求差异较大、互动主体彼此缺乏信任、社区资源和信息流通不畅，这些都是导致居民参与度偏低的主要原因，还有可能是没有理顺社区普遍性需求和专业性需求的满足方式及其相互关系。

当前社区治理事务纷繁复杂、社区问题各式各样、居民需求千差万别，应针对不同类别的社区人群特点，调研、汇总、掌握普遍需求，形成社区公共议题，以政府购买服务方式，合理统筹社会组织、专业社会工作者来承接并提供基础性服务，而社区专业化、个性化需求，则可以通过市场组织或由专业社会工作者介入，引导其提供特色定制的个性化服务，形成"基础服务＋定制服务"的组合供给模式。同时，还需适应城市社区多元化发展的特点，细分社区服务类型，依托社区网格化管理方式，实现社区分层分类管理和精准精细服务，特别是"三社联动"服务的重点应聚焦社区居民需求中"急、难、愁、盼、怨"等问题和事项，从而吸引社区居民更主动广泛地参与到社区治理和"三社"主体协同合作之中。就实践来看，只有丰富社区服务供给内容，切实解决居民现实需求，让社区居民得到利益实惠，社区矛盾真正化解，才能激发居民参与"三社联动"的动力和活力。

此外，还要注重"五社联动"的新力量——志愿者以及随之卷入而来的公益慈善资源。调研发现，在新冠疫情防控期间，不少社区居民化身为一线志愿者，通过"线上＋线下"的方式，活跃在社区、隔离点和医院等一线，广泛开展心理疏导、关心关爱、科学知识普及、融合融入、社会支持等专业服务，用自己的实际行动，展现中国力量和中国精神，更充分彰显了同舟共济、守望相助的家国情怀。

（二）外在驱动

"三社联动"的外在驱动机制，主要来自基层政府社会管理和公共服务职能转变而释放的社会活力。党的十八大以来，我国经济社会各领域显示出同等重要的地位且同步推进，一些议题，如加强社会建设、保障和改善民生，以及创新社会治理等，相继成为各界关注的重点，相应政策亦做出重大调整。(见表 2)这一转向，使社区日益成为基层社会活动的载体和社会治理的基本单元。

表 2 "社会治理"等相应语义表述与内容调整

时间	会议	语义表述与内容调整
2003.10	党的十六届三中全会	社会管理
2004.09	党的十六届四中全会	建立健全社会管理格局
2006.10	党的十六届六中全会	创新社会管理体制
2007.10	党的十七大	加强和创新社会管理
2012.11	党的十八大	加快形成社会管理体制
2013.11	党的十八届三中全会	社会治理
2015.10	党的十八届五中全会	构建全民共建共享的社会治理格局
2017.10	党的十九大	打造共建共治共享的社会治理格局
2019.10	党的十九届四中全会	坚持和完善共建共治共享的社会治理制度
2020.10	党的十九届五中全会	完善共建共治共享的社会治理制度
2022.10	党的二十大	健全共建共治共享的社会治理制度

　　基层政府职能转变的改革使城市社区获得了更多的独立性，给社区自组织、社会组织、社会工作者的成长与发展留下了空间，赋予了资源，尤其是政府将公共资源逐渐向社区下沉，社区管理权力下放，这些都为"三社联动"的推行提供了条件，也激发了"三社"参与其中的潜在动力。研究发现，将"三社联动"的潜在动力转化为现实动力，必须以社区自治为基本前提。这是"三社"主体得以联合与行动的合法性权限。否则，依然无法摆脱对政府或行政力量高度依赖，其行动能力和活动范围也必然受限，内生成长的活力势必降低。因而，"三社联动"有效运行的关键推动因素是释放活力与搭建治理共同体。当然，在内生动力不足的前提下，政府引导多元参与并提供政策保障也不失为一种培育良策。政府问需于社区居民，通过向社会组织购买服务的方式供给，寻求反馈提供什么、如何提供、何时提供等问题可由社区居民协商共议；社区可以采用动员方式吸收

社会力量参与处理社区公共事务，或以政府、市场和社会多元联合供给，来满足社区居民服务需求；在基层社会治理中，既要充分发挥社区党建在基层社会治理中的引领作用，又要坚持"民事民议民决民办"原则，形成基层社区党组织、社区自治组织与社会组织目标同向、工作联议、项目联作、党员联管的格局。

简而言之，"三社联动"机制构建的初期阶段，离不开政府引导和激励，甚至有些社区公共事务还需要由行政权占据主导支配地位，诸如在居民关系利益协调、社会治安维稳、突发公共卫生事件等重大敏感事务方面。这些是民间社会组织和社会工作者或机构不可能也不宜快速进入的领域，也是一些地区特殊政治环境下的客观要求。

（三）功能边界

在基层治理场域中，"三社联动"要想从顶层设计图景落地到基层实践环节，既要宏观考量"三社联动"机制运行环境因素，也要中观剖析"三社联动"主体的互构方式和特点，还要微观厘清"三社联动"主体的角色定位和互动关系。因此，通过制度规范来明确"三社"主体的职责权限、行动规则和功能角色，进而促成资源互补机制、能力互促机制和关系协调机制的建立，才能保证在资源和权力不平衡的多元主体之间实现联动的利益最大化。不同时期、不同地域及地区的"三社联动"实践，"三社"各主体的功能和职责是动态变化的，其在联动中的角色定位也必将有不同的特点和表现。

就经济欠发达地区"三社联动"机制运行情况来看，基本处于政府主导推动的阶段，属于"嵌入型"发展模式。政府作为主动齿轮率先发力，向社会组织让渡部分空间，辅之以信息引导、资源支持和法制规范，以及培育社会服务机构和社会工作专业人员，提供多元化惠民服务。

从各主体的功能发挥来看，政府主要是在制度设计、政策制定、资源投入、组织领导、协调统筹、社会培育、社区基础设施建设等方面，实施

"扶持"联动；社区既是互动平台，也具有主体特征。从主体性角度看，社区范围和空间下包含着参与社区建设活动的具体行动者，如社区党组织、社区居委会、社工站等，实现"承接"联动。社会组织更多的是从社区居民需求收集、社区议题凝练、活动策划与开展、能力建设、技术支持等方面，实现"嵌入"联动；社会工作者则更多的是依托专业社工服务机构、支持性社会组织和服务性社会组织，在文娱服务、邻里关系协调、社区矫治、青少年儿童服务、困境救助等领域，进行"角色"联动；社区居民多是以需求表达、社区协商的方式，展开"融入"联动。（见表3）

表3 各行动主体功能发挥

主体	政府	社区	社会组织	社工	社区居民
功能	"扶持"联动	"承接"联动	"嵌入"联动	"角色"联动	"融入"联动

尽管这种联动方式受到权力本位和行政资源依赖等因素的影响，并非一种真正理想意义上的自治型模式，但对基层社区自我成长和发育明显不足的地区而言，已经开始打破传统政府严格管控的社区管理体制，基本搭建起基层社会治理新格局。

1.基层政府在"三社联动"中的角色

在我国现行的行政管理层级中，街道办事处是城市的最基层，是现行管理体制之下，国家权力自上而下延伸的载体，其在基层社会治理与服务中扮演着至关重要的角色。街道办事处对上承担着上级政策和规划的具体落实职责，对下承担着辖区内经济发展和社会稳定的直接责任，与社区关系最为紧密。特别是区级民政、教育、卫生、文化、社保、维稳等部门的公共服务职能均需要由街道办事处直接面向居民，而层层责任转嫁到区层面。就实践来看，由于各地区发展程度不同、基层治理模式类型不同，导致基层政府在社区治理主体结构中扮演的角色也有所不同。从共性角度看，都承担起社区政策的制定者和规制者、社区公共服务的供给者、社区自治的倡导者和指导者、社区稳定的维护者等的职责。（见表4）

表4　基层政府在"三社联动"中的角色和职责 [①]

角色	职责
社区政策的制定者和规制者	制定"三社联动"相关法律法规和政策文件，建立"三社联动"信息联通机制和服务联办机制，明确各主体职责范围和互动关系，依法制定和落实对社区自治组织的扶持政策，依法对社会组织进行登记管理、监督和评估
社区公共服务的供给者	有针对性地满足社区公共需求并提供公共服务和公共物品：提供基础设施、信息网络管理、治安维稳、资金和人员保障；提供公共设施和公共物品，如教育卫生、文娱设施和场所、基本社会保障等
社区自治的倡导者和指导者	孵化、培育社区社会组织，指导社区自治组织进行组织建设和制度建设，完善内部治理结构和规范运营程序
社区稳定的维护者	主动防范、严格把控社区安全，防范安全生产事故的发生，减少社会风险点等

其一，基层政府是社区政策制定者和规制者。"三社联动"机制得以有效运行，离不开好的科学决策、政策设计和制度安排，而基层政府正是社区政策的制定者和规制者，这一角色定位也是政府社会管理和公共服务职能所赋予的。基层政府运用公共资源优势、密集的组织网络体系和强大的社会动员能力，为"三社联动"提供支持帮助，稳固发展基础，确保运行有章可循，具体包括做好制度顶层设计、搭建政策法规框架、确立参与主体的法律地位等。同时，政府还肩负着"三社联动"的政策启动和规制职责，这是因为"三社联动"是政府所提倡的一种社区治理创新方式，涉及多个利益主体的行动意识和行为活动，如果不进行法律政策的规范调整、严格监督管理，有可能出现"三社"无序联动的状态，甚至可能损害公共利益。基层党委政府作为社会治理的核心力量，必须在"三社联动"制度设置、组织领导、政策制定、互联互通工作平台的搭建等方面发挥主导作用，自上而下推动"三社"系统有序运转，为其他主体提供助力，带动社

---

① 资料来源：陈天祥，杨婷.城市社区治理：角色迷失及其根源——以 H 市为例 [J]. 中国人民大学学报，2011（3）：129-135；王晓东.民族地区城市社区"三社联动"机制研究——以内蒙古 B 市为例 [M]. 北京：中国经济出版社，2021 年版。

区内部系统与其他社会力量发挥作用。此外，社会组织接受相应的监管，但这种规制并非完全遏制社区自治力量的发展空间，限制"三社联动"中社会组织和社会工作专业人才的活动领域，而是从制度顶层设计、政策制定和法治保障等层面，对"三社联动"进行政策规范和引导扶持，以促进社会组织等社会力量成长和壮大。

其二，政府是基层政权建设的主体，不仅有能力落实党委政策，还肩负着提供公共服务的职责。与其他主体相比，基层政府的优势更为明显，提供公共产品和服务的范围更广、更普惠；提供准公共物品，如社区环境卫生、弱势群体救助、特殊人群福利保障、生活公用设施和公共事业等，能确保产品供给价格和方式更为社区居民接受、获得，最大限度地满足社区居民日常生活需要。

其三，相关法律①赋予基层政府在社区自治中倡导者和指导者的角色。实践中，政府部门赋予基层群众自治组织建设政策、指导城市社区服务体系建设、提出基层政权建设的责任，支持社会自治发展以及指导和协助街道办事处、社区居委会做好辖区发展规划的职责，更兼具推动基层民主政治建设、助推社会力量成长、引导社区多元共治等责任和角色。

其四，基层稳，国家才更稳。维护基层社会稳定是基层政府不可推卸之责。当前，影响经济社会发展的不稳定、不和谐因素依然较多。群众所关心关切的公共安全、腐败现象、贫富差距、就业安置、土地补偿、干群关系、社会公平等各类问题的社会风险点较多，这些矛盾、纠纷、隐患和冲突等极易在基层传导开来。调研发现，与经济发达地区不同，一些经济欠发达地区的"三社联动"机制往往更依赖于党政系统延伸到社区，党委和政府在社区治理结构中的主导特点更为突出。因而，推行稳定导向型、政府主导型也是"三社联动"机制建立初期不可逆的趋势，基层政府的维

---

① 《中华人民共和国城市居民委员会组织法》第二条规定，"不设区的市、市辖区的人民政府或者它的派出机关对居民委员会的工作给予指导、支持和帮助"。

护者角色显得更为紧要。

2. 居民委员会在"三社联动"中的角色

居民委员会是作为"三社联动"中社区的实践代表而存在的，其地位、功能、自治性特征和作用是法律所赋予的。在社区治理与建设中，其扮演着"社区公共服务供给者、社区居民权利代言人和政府社区事务的助手"[①]三重角色。（见表5）

表5 居民委员会在"三社联动"中的角色和职责[②]

角色	职责
社区公共服务的供给者	为社区居民提供必要的公共服务；开展便民利民的社区服务活动；为社区居民提供教育、基础医疗、卫生防疫、就业、社保、法律援助等方面的咨询服务；组织和提供社区文化娱乐服务；调解邻里纠纷，关注和帮助弱势群体，服务特殊人群；处理社区居民共同约定的公共事务等
社区居民权力的代言人	代表社区居民的利益和诉求：代表社区居民向有关政府部门提出改善社区治安、环境卫生和流动人口管理的意见和建议；向政府有关部门提出维护社区居民权益的请求，提出居民较为关注且涉及切身利益的重大社区问题；管理社区居民委员会的财产和社区居民委托管理的共有财产；受社区居民的委托，代表社区居民与外部组织或个人发生关系，维护本社区居民的团结和权益等
基层政府的助手	协助政府从事社区行政事务性工作——协助政府或者街道办做好与居民利益有关的社区治安、公共卫生、社会救助、社区矫正、青少年教育等各项工作；宣传国家的法律和民族政策

其一，居民委员会是基层群众性自治组织，是社区治理的核心力量，也是社区公共服务的供给者，这是法律赋予其的责任和角色。依据《城市居民委员会组织法》第三条[③]、第四条[④]之规定，居委会兼具社会管理和居

① 周红云，主编. 社会治理 [M]. 北京：中央编译出版社，2015 年版。
② 资料来源：陈天祥、杨婷. 城市社区治理：角色迷失及其根源——以 H 市为例 [J]. 中国人民大学学报，2011（3）：129-135；王晓东. 民族地区城市社区"三社联动"机制研究——以内蒙古 B 市为例 [M]. 北京：中国经济出版社，2021 年版。
③《中华人民共和国城市居民委员会组织法》第三条规定"居民委员会办理本居住地居民的公共事务和公益事业""居民委员会可以向人民政府或者它的派出机关反映居民的意见、要求和提出建议"。
④《中华人民共和国城市居民委员会组织法》第四条规定"居民委员会应当开展便民利民的社区服务活动，可以兴办有关的公共事业"。

民自治属性，可起到社区服务"拾遗补阙"的效能，即弥补政府公共服务供给的不足，并利用其"接地气"的优势，协助基层政府或派出机构做好与居民利益有关的社区事务。

其二，居民委员会承担社区居民权利的代言人角色，是法律赋予其自治属性在实践中的具体表现。依据《城市居民委员会组织法》第二条①、第三条之规定，居委会最主要的任务与存在价值是代表民意反映合理诉求。其具体方式是当发现、梳理居民的需求和问题之后，向政府部门及街道办事处反馈意见建议，并在政府的指导下，从维护社区居民的利益出发，采取多种途径、多种形式，解释解决社区居民"急、难、愁、盼、怨"等问题，并有针对性地提供公共服务，持续提升生活品质和质量。由此可见，居民委员会"代言人"角色，要以需求为导向，让社区居民敞开心扉、各抒己见，并第一时间反映利益诉求，打造"民主议事、民主决策、居民互助、社会评估"的平台，使政府的政策、资金和保障措施落地在社区，充分发挥好政府与百姓之间的桥梁纽带作用。

其三，居民委员会扮演基层政府的助手角色，并不意味着要强化其行政化的传统功能，而是要将二者的角色互动关系重新归位，明确"指导"而非"领导"的权责关系。通过社区事务准入制和"权随责走、费随事转、人随事转"机制，促使居委会开展自治性服务，协助基层政府履行社会服务职能，并在"三社联动"中重点发挥推动者、主导者和保障者的作用，发挥居委会的政治优势、组织优势和社区资源整合优势，进而成为社区"三社联动"机制中的核心力量。尽管居委会作为基层政府"代理人"的传统角色在一些城市社区中一时间难以根除，也无法抛开政府实施自治的"三社联动"机制，但居委会作为政府的"助手"角色是法律明文规定和要求的。接下来，实行的关键是要将法律规定落在实处，非变相执行。

---

① 《中华人民共和国城市居民委员会组织法》第二条规定"居民委员会是居民自我管理、自我教育、自我服务的基层群众性自治组织"。

因而，从"代理人"角色向"助手"角色转变，也是居委会在创新社会治理体制下的一种理性回归。

3. 社会组织在"三社联动"中的角色

参与"三社联动"的社会组织类型多样，从与社区的结构关系上来划分，可分为外部社会组织和内部社区社会组织。鉴于这两类社会组织的生成环境、资源禀赋和行动能力有很大不同，其在"三社联动"中的作用和角色也有很大差异，在城市社区中也有不同的功能表现。

一般而言，外部社会组织是在民政部门依法登记注册的公益类社会组织，其组织规模相对较大，规范性程度较高，发展时间和业务开展相对成熟，内部治理结构较为完善，有正规的组织章程和运作程序，服务人群较为聚焦。在"三社联动"中，社会组织往往处于基层枢纽的位置，是联结基层政府与社区社会组织的重要桥梁，主要通过政府购买服务、项目制管理等方式，承接更多的社区公共服务事项。其在社区社会组织孵化培育、技术咨询、服务平台打造、社区智库建设、社区公益传播等方面大有作为，肩负着政府职能转移的重要承接者、社区专业服务提供者、社区力量培育者和支持者的角色，释放社会组织"桥介"属性和专业引擎动能。

当前，绝大多数社区社会组织是辖区居民以兴趣爱好、共同需求等为由，共同发起且服务于社区居民生活的内源性社会组织，是居民自我组织、自主行动、自我供给、自我服务的重要载体形式，具有灵活性强、扎根社区和服务及时便捷的突出优势，已成为"三社联动"中最具活力的重要主体。但一些经济欠发达地区的社区社会组织，其完备性和规范性还相对较差，如有些只是在街道和社区进行备案管理，有些在民政部门依法登记注册，有些甚至还处于自管游离状态等。这些组织的服务活动范围仅限于本社区，开展服务项目范围较分散，组织发展不平衡、不规范现象突出，某种程度上导致其角色设定不稳定和功能发挥不聚焦。

从运行现状来看，社区社会组织是自发生成的，能够快速响应社区需求信号，较快捕捉到社区居民的兴趣点和问题域，在化解社区矛盾、增强邻里关系、提供公益慈善、服务特殊群体、丰富文体娱乐等即时性需求回应中，体现着贴近民众的"在地"优势，也有助于调动居民参与积极性和主动性，最大限度地激发社区自治活力。简而言之，社区社会组织作为社区活力的根基，肩负着社区服务的提供者、社区治理的参与者和居民参与社区服务的承载者角色。

4.社会工作者在"三社联动"中的角色

社会工作专业人才是社区治理的具体执行者、社区专业服务的提供者和社区公共精神的强化者。从社会工作专业人才参与"三社联动"的运行实践来看，主要分为机构社会工作者和社区社会工作者两大类，并有着不同的作用表现。

机构社会工作者，是指接受过学院化专业训练，或在社会服务机构中工作的人员，是专业社工嵌入社会组织的一种形式。专业社工依托社会服务组织，通过专业支持和服务示范将自身的专业知识、价值理念和助人方法嵌入社区实务，引领社区社会组织和社区成员共同开展社区服务，特别是重点为弱势群体或者某些有特定需要的社区人群提供个性化、品质化和专业化服务，并在社区服务项目设计、实施、管理、评估和督导等方面发挥作用，以专业社工服务的提供者、组织者、资源整合者的姿态而出现。此外，机构社会工作者在专业社工理念和价值观的指导下，把社区公共事务的决定权和行动权赋予居民，增强居民自治能力，提升居民的公共意识，激发居民自治责任，内化居民自治行动，强化居民的社会公共精神，具体扮演着社区居民自治的支持者、同行者、陪伴者的角色。

社区社会工作者是传统社区工作者中部分取得社工资格证书的专业性人才，也是为社区全体居民提供各类公共服务与其他公益服务的社区专职工作人员。社区社会工作者更贴近社区居民，了解居民实际需求，具有先天的信息优势和熟人关系优势，通过沟通、组织、协调和动员方式，整合各方资源，向社区居民递送普遍性福利和专业性服务，以满足不同居民的差异化需求，发挥社区治理的组织者和社区专业服务提供者的功能。

5. 社区居民在"三社联动"中的角色

社区居民作为"三社联动"中的重要主体，既是社区服务的对象和受益者，又是社区服务的参与者，其结构性位置决定了其不能置身事外，而是应当充分发挥其主观能动性。在"三社联动"实践中，社区居民立足于自我增能，将个人利益融入社区整体利益，展开各主体间平等对话和协商沟通。社会组织和社会工作者以社区议题为基础，灵活采用"结成伙伴"等参与层级[①]，运用专业力量，引导和发动社区居民以自治组织的形式加入邻里互助、社区公益和生活自助服务等领域，不断提升居民参与社区自我管理和自我服务的意识、意愿和能力，使之更积极地承担起社区治理的重要职责。社区居民关心、支持和参与社区治理，不但有其权利、责任、目标和效果等方面的合理性，还是"三社联动"行之有效的群众基础。"三社联动"治理成效的好与坏，是否有助于社区居民疏解矛盾问题和满足生活需求，最终由社区居民说了算。

总之，"三社联动"是多元主体协商的行动过程，也是行动主体间基于互信互惠，进而开展平等协商与合作的机制建构过程。[②] 这种关系的构建，是以价值共识为基础，以利益协调和平衡为动力，重点是克服不同主体之间的资源疏离、能力排斥、利益冲突问题，弱化组织的自利倾向与公共性职责之间的张力，并以行政主导推进和公共价值引导为手段，加强培育社区社会资本，提升城市社区多元治理主体的主动性、公共性和社会性，发挥其独特的功能和优势，特别是在"三社联动"不同发展阶段要定准位置和角色，确保主体之间不错位、不失位、不越位，精准发挥服务社区的最大效能。

---

① 石兵营，谭琪．"三社联动"主体及角色定位：基于社区治理实务研究视角 [J]．社会工作，2017（1）：89~97.
② 陈伟东，吴岚波．从嵌入到融入．社区三社联动发展趋势研究 [J]．中州学刊，2019（1）：74~79.

二、"三社联动"的行动框架

（一）内生、嵌入与联动：三种模式

1. 内生式：自需性、公益性

所谓内生式"三社联动"是指以社区治理为主，以居民需求为系统运转的内部推动力，通过汇集意见、诉求，选择专业社会组织和社会工作者介入并提供服务，再通过政府或其他社会力量提供政策、服务、资金等方面的支持。[①] 内生式是"三社联动"机制得以生成的关键。在社区层面，"三社"主体是三方互补关系的建构、资源整合和功能互补，是"三社联动"能够"联"起来的基础。但要想真正具有可持续性，则离不开内力作用，以及多元参与式合作。（见图5）

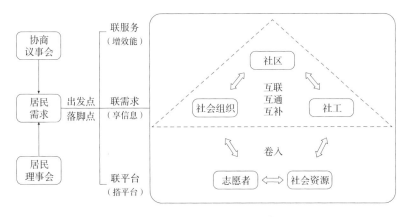

图5 内生式"三社联动"

在城市社区治理的具体情境下，联动主体有着不同的目标取向、角色划分、行为逻辑和影响因素，其在具体议题上的行动策略和态度也有较大差异性和倾向性，对"三社联动"实践产生不同程度的影响。因而，"三

---

① 叶南客. "三社联动"的内涵拓展、运行逻辑与推进策略 [J]. 理论探索，2017（5）：30-34.

社联动"机制能够持续运行、持续发力的主要动因，就必然要以追求社区居民公共需求和利益诉求的最大化满足为前提。特别是在满足社区居民多样化需求过程中，"三社"主体可以从不同角度来实现自身价值和活动目标。简言之，社区居民需求是"三社联动"机制得以存续的起点，满足社区居民需求是实现社区治理主体联动的本质追求。

政府通过社区减负赋权，使各治理主体有着借由社区平台理性、平等地整合起来的可能。通过引导、对话、沟通，将协商民主制度优势引入社区治理效能之中。一是社区党组织和社区居委会在项目开展中获得专业技能与方法，成为本土化内生的社工，有的还成为专业社会工作师。与专业社工机构的社会工作者相比，这部分群体最为了解社区居民情况，掌握居民意愿、对接实际需求也最为便捷。二是内生孵化社区、社会组织（草根社会组织）本地化属性更为突出，也更容易引导居民参与社区治理，形成社区治理共同体，生成社区归属感和认同感。三是公益创投等项目的开展是在社区居民共同参与下实现的，这表明社区居民是项目的发起人、行动者、策划者，赋予社区居民民主决策权、自治权和参与表达权，培育社团负责人。同时，项目设计又源于居民需求，社区居民又成为实际受益者。这是主客体关系的双向互动与角色转化。最后，项目评估更为关注行动所带来的变化及效果，而非数量和次数。

由此可见，内生式"三社联动"打造的是"居民自治＋社区社会组织服务＋社会工作者支撑"的参与式治理模式。社区从社区内部治理需求出发，定期召开社区联席会议，用公益创投的办法、协商民主议会制度等，将社区居民和志愿者组织动员起来，借由参与广度和服务项目深度的持续拓展，卷入更多社会组织、社会资源和专业社工机构，从而推动多方共同参与，形成社区治理共同体。

2. 嵌入式：介入性、导向性

在"国家—社会"的治理主体关系结构中，为使社区治理成效更为显著，政府基于政策或支持，主动作为和发力，以外部推力形态，通过购买服务、公益创投、培训指导等，带动社区、社会组织、社工、居民、驻街企业、物业公司等多元治理主体协同发挥作用。现阶段，我国社区发展程度不一，但多表现为对政府的高度依赖，自治能力和空间较弱。在基层实践中，往往以"政社互动""社会化参与"为典型运作方式。（见图6）

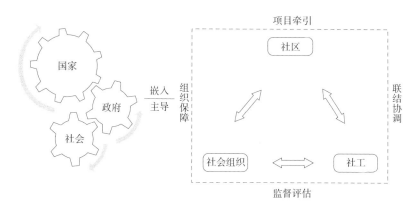

图6 嵌入式"三社联动"

基层政府或街道这一层级派出机构以多种方式表现出"嵌入性"特征。尽管从法律上讲，社区是自治组织，但受传统管理体制影响，街道与社区之间"天然地"依附在一起。政府通过出台相关社区治理指导意见、健全社区管理服务事项准入制度、建立领导小组和社工委员会、完善社会组织培育孵化机制和社工人才激励机制等办法，由政府主导，进而带动社区、孵化培育社区社会组织、激发专业社工、倡导志愿者行动起来，帮助各类基层组织主动对接居民需求，有针对性地提供多元服务，扩大社区公共服务供给范围。基层政府不断"输血"并施加力量来注入动力，从而确保各子系统持续运行态势。由此可见，社区需求仍是第一元动力，且与外部推动相互作用。

培育社区社会组织也能更好地承接政府转移出来的职能，在其中起到黏合作用。特别是对于特殊群体社区矫正、养老助残济困、留守儿童关爱、农民工群体权益保障等，以此减少社会矛盾和冲突，减轻政府负担，促进社会和谐稳定。从总体情况看，相较于西方发达国家和地区，我国社会组织发展仍需阔步挺进，无论是总量上、方式上，还是效能上，都不足以满足多样化社区需求。在这种情况下，依靠民政部门、工会等组织支持，社会目标组织必须根植于社区。此外，从区域看，经济发达地区，如东南沿海地区的社会组织发育程度较高，承接服务也更丰富，项目涉及"小饭桌""农民工子女教育课堂""留守儿童心理疏导""美化小区""防灾减灾救灾"等。这不仅能协助社区开展救援与建设，还适于开展目标组织发展的活动项目。因而，项目制仍是确保（社区）社会组织参与城市基层治理创新的有效方式。随着社会组织引入社区治理与服务中来，社会组织成为社区治理的功能性主体，使政府与社会组织结成合作伙伴关系，建立了政府与社会组织之间的制度化、模式化合作，从而促进了社区治理主体多元化发展，有利于增强社区居民对政府的信任，也有助于构建合作治理模式。

专业化的社会工作者具有深厚的理论素养和专业的职业技能。在政府的持续培训和项目带动下，展现出职业化属性和实操化方法，将目标、专业和伦理融会贯通，使特殊群体享受到专业化服务，体现社会工作促进整体幸福感的积极改变，展现"三社联动"机制的规范化。现阶段，专业社工机构的主要服务对象是具有特殊需求的特殊人群，特别是社会弱势群体，如老年人、儿童、青少年、残疾人和流动人口等。这些社会群体的需求多种多样且差异性较大，行政或市场化方式往往很难予以满足，而多数专业社工机构作为公益性组织，是公益性服务的生力军。通过专业化方式介入，根据社区居民的实际状况，有针对性地为他们提供物质、精神、心理等帮助，以实现其与社区和社会的融入，也能增强社区居民对社区的认同感和对基层政府的信任。因而，在"三社联动"机制运作过程中，社会工作者是确保服务效果更好的关键一环。

3.联动式：共建性、共治性

联动式"三社联动"模式是指社区自治力量与外部推动力量进行有

效耦合、互联互动,实施多元共治、多方共建的社区治理模式。① 这也是在基层社会治理实践中,实现各治理主体、资源要素"联中有动""动中有联"的现实选择。从目标指向看,在"国家—社会—个体"的多元主体结构中,通过权力下移向基层赋权、增能,驱动社区治理创新的"三驾马车"——社区、社会组织、社工——共同发力,旨在自治能力提升、自身永续发展和内部团结整合;从价值意蕴看,"三社联动"机制的探索与建立,有效推动了多元主体协同,满足了居民群众各项需求,扩展了社区自治空间,提升了社区文化引领能力,以期实现基层社会善治并产生良好的社会预期效益。因而,"三社联动"作为推动社区治理与服务创新的新路径,是创新的结果。在未来全面铺开的实施过程中,不仅需要体制机制创新为其保驾护航,也需要"三社"成熟发展,激活"联动"方式。(见图7)

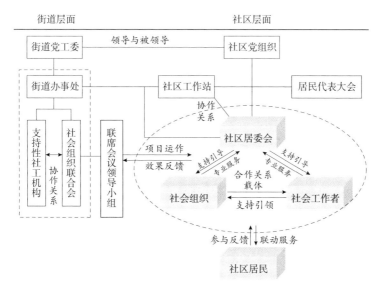

图7 "三社联动"主体关系与架构

① 白福臣,李彩霞.新时代基层社会治理"三社联动"机制:理论构建、模式选择与路径优化[J].学习论坛,2019(7).

顶层设计谋统筹。现阶段，地方实践经验反映出基层治理结构仍然受体制约束，导致社区、社会组织在很大程度上依靠政府，甚至被视为政府的派出机构而非自治组织，关系不顺、责任不清，压缩了社区的自治空间和功能。"三社联动"的实质是联动，而联动的前提则是治理体制、责任边界和工作关系必须捋顺。完善领导体制和工作机制。建立健全党委、政府统一领导，群团组织密切配合，社会力量广泛参与的社区治理工作格局；转变政府职能，强化组织保障，撬动主体活力，创造"三社联动"的政策支撑、制度环境和运行空间。界别主体职责和功能边界。发挥基层党组织领导核心作用，履行基层政府社区治理主导职责；发挥基层群众性自治组织基础作用，统筹发挥社会力量协同作用；引导驻社区企业单位和市场主体积极参与，各类主体要变依附为行动，变被动为主动，变被管理者为建设者，构建多元共治治理秩序。完善自治制度和准入制度。优化社区治理内部核心架构，厘清事项清单，规范清理各种加挂的牌子，精简工作台账，建立扁平化的基层服务运行机制，推进社区减负增效，回归社区自治属性。

作用发挥促融合。社区、社会组织、社工是社区治理主体，具有协商互助、共建共治的特征，并且彼此具有双向互动关系。各主体只有定准位、传好球、尽好责，最大限度地利用社会资源，发挥各自优势，才能提高社区治理水平。一要发挥社区"基础平台"的支持作用。强化社区自治功能，改善社区人居环境，推进社区综合服务设施建设，优化社区资源配置，不断提高服务供给、文化价值塑造、矛盾纠纷预防化解、利益关系协调、自治活动创建的能力，为社会组织和社工搭建活动平台。二要发挥社会组织"服务载体"的承接作用。大力推进政府向社会组织购买公共服务，重点发展公益慈善类、文体类、生活服务类社区社会组织，规范社会组织项目孵化和培育发展机制，强化动态监管和绩效评估，推进社会组织规范化建设，为社会组织成长提供发展空间。三要发挥社会工作"专业引擎"的纽带作用。通过吸收培养、岗位开发、职业空间拓展、提高薪酬、完善激励制度等办法，壮大这支骨干力量；通过专业化、职业化的能力素养，扭住社区、社会组织、居民群众之间的联系，及时回应社区居民需求及特殊群体需要，筑牢社区善治坐标。

规范运行重实效。 社区治理是惠及居民群众的民生工程，涉及诸多领域、行业，不能单打独斗，唱"独角戏"，需要通力配合与支持参与。在联动式模式中，"三社"属于以社区居民为根本的生活共同体，"联动"是确保其有效运行的关键。"联"上下功夫。通过整合社区综合服务项目和资源，支持社会组织承接，引导专业社会工作机构参与，建立专家库，完善项目化运作，引入第三方评估；通过建立多元治理主体横向协调机制和不同部门纵向协作机制，实现不同治理主体在结构上的嵌入、功能上的互补、行动上的协调和资源上的整合。"动"上做文章。社区服务项目要主动对接并及时回应社区需求，有序引导社会力量参与社区服务供给，借鉴发达国家及地区成功经验，创新社区服务机制，提高社区服务供给能力；社会组织承接社区项目，为社工提供就业岗位，活跃社区服务，减少行政化、非专业的现象，提升群众的幸福感、获得感和满意度；通过深入宣传和广泛动员，带动居民参与社区协商互动，培育社区独特文化魅力，经常性举办文体、健康、娱乐等多种形式的活动，发挥老党员、老教师、新乡贤等社区能人在社区治理中的积极作用。

（二）协调、协作与合作：三种机制

"三社联动"是通过加强社区建设、孵化社会组织和引进社工参与，促进政府与"三社"之间的互联、互动和互补，实现资源充分共享、互相促进和进步的目的，构建和谐社区、活力社区的新型治理模式。通过"赋权""增能"，分析"三社"各自的角色定位，厘清社区与社会组织联动、社区与社工联动、社工与社会组织联动的关系，以期实现社会良治并且产生良好的社会预期效益。

在"强国家、弱社会"格局之下，"三社联动"不仅是社区本身的治理，也体现为国家强制力和市场外力的渗透。在这一模式之下，包括平台搭建、制度设计、政策规范、组织培育和社工引入，都离不开政府的引导。现阶段，民政部文件中所述之社区是一个地域、辖区的概念，社区制是在街居制层次上进行的演进与发展。但随着社会变迁和社会管理体制改革，社区已经在一定程度上表现为"大社区"制，扩大到街道办事处层面。一般来讲，社区层面包括社区党组织、社区居委会、社区工作站和社区服务发展中心等治理主体，从职责上，分别对应"领导、自治、行政、服务"。也就是说，当下"三社联动"绝不仅仅是地域生活的社区层面，而在整体治理体系和结构中，表现为街道—社区层面的"一核多元"框架。

1. 协调机制

因性质、等级、职能范围不同，街道、社区、居委会之间主要存在着三种关系。一是领导与被领导关系，体现在街道党工委与社区党组织之间、街道党工委和街道办事处与社区工作站之间；二是指导与被指导关系，体现在街道办事处与社区居委会之间；二是培育与扶持关系，体现在街道办事处与社会组织和专业社工机构之间。

（1）街道党工委—社区党组织

工农商学兵、东西南北中，党是领导一切的。作为执政党，中国共产党在社区、社会组织和其他组织领导机关中设立党组，是维护国家长治久安的重要保证，体现了中国共产党独特的政治优势、组织优势和制度优势。社区是构建和谐社会的细胞，社区治理离不开党组织的功能发挥，激活社区治理力量需要突出发挥"党建+"的定向领航功能。街道党工委发挥党组织领导作用，通过区域统筹、资源整合、优势互补，深化互联互动、共驻共建、共治共享，构建街道"大工委"社区"大党委"治理格局。因而，加强街道党工委对社区党组织的领导，可以有效实现"党建+社区治理"深度融合，切实提高基层党组织在联动中的凝聚力，能够更广泛地扩大群众基础。同时，加强社区党组织对社区居民委员会、社区社会组织、社工机构的全面领导，也可以科学构建基层社会治理体系和治理结构。实践证明，社区党建依靠强大的组织力、号召力和影响力，在整合资源、文化凝聚、组织动员等方面，凸显独特的效能和工作方法。退休老党员、老教师、志愿者、机关事业单位干部（党员）等为特殊困难群体提供救助帮扶、心理疏导、精神慰藉、养老康健、关爱帮扶等服务，推进精准化服务对接，发挥专业化优势作用。

（2）街道办事处—社区居委会

街道办事处是地方政府的派出机构，而社区居委会和村民委员会是社区法定的代表组织，是基层群众性自治组织。社区居委会和村民委员会是依法开展自治活动的主体，履行枢纽、议事、监督、服务的工作职能，发挥着作为联系党与群众的桥梁和纽带、培育指导辖区各类社区组织、反映社情民意等方面的枢纽功能作用；承担召集居民大会等议事职能，吸引居民主动融入社区公共平台；落实对相关政府部门单位、辖区社区社会组织、物业管理企业及居民的监督职能。此外，居委会也要将辖区居民意愿和需求及时反馈给街道办事处，并协助街道办事处完成各项落实工作。作为社区自治的主体机构，社区居委会主要发挥着"自我管理、自我教育、自我服务"的自治职责作用，二者关系应为指导与被指导。在几十年的实践中，社区自治活动和项目开展多在街道办事处这一区级政府派出机构的领导之下来进行。许多居委会（村委会）认为完成政府下派的任务是其主要工作，政府也经常性地开会布置工作任务。目前，一些居委会（村委会）主要承担政府各职能部门或派出机构的行政任务，社区自治章程由上级民政部门或街道办事处（乡镇政府）来规定，居委会（村委会）的财力来源为政府财政拨款，其人事任免由街道办事处控制，其考核激励由街道办事处（乡镇政府）与政府职能部门而不是社区居民（村民）来完成，其日常决策权受到上级政府及其职能部门的种种限制。相应地，居委会（村委会）自治权力萎缩，自治能力弱小。简言之，许多居委会（村委会）自治角色扮演受限于自身资源，并同时受到自身利益的理性驱动影响，对政府具有很大的依赖性。

（3）街道办事处—社区工作站

为推动政府职能转变，实现社区减负增效，街道办事处在社区派驻了专门工作机构——社区工作站，并建立了专职社区工作者队伍——协理员。社区工作站的设置初衷是"居站分离""议行分设""一站式服务"，对社区内组织、功能和资源进行整合，使社区居委会从过去行政式、命令式工作中抽离出来。因做法不同，各地设置也各有不同，主要形成四种模式，即派出模式、民办模式并设模式和内设模式，各地多见于派出模式。（见表6）

一般来讲，社区工作站与社区居委会是并行的两个组织，分别担负不同职能。前者在街道党工委和街道办事处的领导下开展工作，承办政府职能部门在社区开展的具体事务性工作和公共服务，如卫生、文化、治安、妇幼等，而后者的工作职责则聚焦于居民自治等相关工作，支持社会力量开展便民、利民社区服务。社区工作站的工作人员由各区政府配备，实行公开招考制度，逐步推行社区工作队伍职业化、专业化；社区工作人员考核、评议由街道办事处指导成立的考评委员会来进行。通过体制改革和组织创新，形成多元治理主体各司其职、各负其责、联合推进的工作样态，实现基层治理与多元主体的有机配合。

表6　社区工作站的"四种模式"

社区工作站			
模式分类	派出模式	民办模式	并设模式	内设模式
性质特点	街道办事处的派出机构	非营利性公益服务组织由民办非企业单位法人登记	街道办事处在社区的工作平台	社区居委会内设的工作机构
主要职责	在街道党工委和办事处的领导下开展工作	在街道办事处和社区居委会的指导下开展工作　承接政府购买的服务	在街道党工委和办事处的领导下开展工作	在街道办事处和社区党组织的领导下开展工作

续表

		社区工作站		
模式分类	派出模式	民办模式	并设模式	内设模式
工作事项	社区人口 社会保障 环境卫生	服务类 需求类 专业类	社区各类行政工作	自治性工作 公共管理和服务 工作
人员管理	政府配备 公开招考	社会公开聘用	站长由社区党组织 副书记或居委会副 主任兼任 工作人员社会招聘	街道聘用
代表城市	深圳　成都 南昌	上海　无锡	济南　苏州 常州	广州　南京 宁波　大连

从表6中不难发现，社区工作站与街道办事处、社区党组织和社区居民委员会均有"连接点"。一方面，社区工作站受到街道办事处和社区党的领导，在街道党工委和街道办事处的领导下开展工作；另一方面，社会工作站与社区居委会同样受到街道办事处的指导。二者在工作中存在着职能范围重叠、界限模糊、互相交织、责任不清，权责脱节、推诿扯皮等现象。因此，街道办事处需要按照政事分开、政社分开的原则和"小政府、大社会、大服务"的要求，出政策、立法规，明确各项政策制度；提思路、让权力，推进政府职能转变；定规划、投资金，加强基础建设；营氛围、树理念，强化公众参与意识，进而厘清多元治理主体职责分工，避免工作对立冲突。此外，还要建立规范完善的动态管理制度、项目分类目录和工作清单，严格落实社区工作新增事项"准入制"和服务"清单制"。对于确需延伸到社区，但未纳入清单的工作事项，须经同级社区建设工作领导小组研究同意后方可进入或通过政府购买服务方式推动完成。目前，结合基层实际，各地区按照"应梳尽梳，应列尽列"的原则，也在积极梳理城乡社区工作事项清单，并公布在政府网站，如宁波等地。（如表7）这是推进"三社联动"机制有序进行的重要条件。

表7 宁波市海曙区部分社区工作事项清单

白云街道城市社区工作事项清单（共85项）

适用社区：安丰社区、丽雅社区、云丰社区、春悦社区、曙悦社区、联南社区、联北社区、牡丹社区、白云庄社区、云乐社区、宝善社区、南雅社区、安泰社区等13个社区

序号	基本功能	法定职责事项（45项）名称	协助配合事项（39项）名称	部门和乡镇（街道）交办的工作任务（1项）名称
1	党的建设	加强党组织建设		
2		做好党员发展和教育管理工作		
3		党员组织关系接转		
4		加强干部队伍建设		
5		宣传党的路线、方针、政策和国家法律、法规、政策		
6	居民自治	指导召开业主大会及其临时会议，支持和指导业主大会、业主委员会依法履行自治管理	协助做好首次业主大会的筹备工作	
7		召开居民（代表）会议	配合调解物业管理活动中发生的矛盾和争议	
8		向人民政府反映居民的意见、要求和提出建议	协助做好对物业服务企业的监督检查	
9		管理集体财产并实行居务公开		
10		制定并实施居民公约		
11	社会协同	城乡社区社会组织的日常管理、培育扶持和备案的指导、服务等工作		
12		开展社区服务		
13		建立健全社区志愿服务工作机制		
14		办理公共事务和公益事业		
15		动员和组织适龄公民参加献血		

序号	基本功能	法定职责事项（45项）名称	协助配合事项（39项）名称	部门和乡镇（街道）交办的工作任务（1项）名称
16		做好经济、污染源普查和土地调查工作		协助开展居民家庭经济状况核对
17		未实施物业管理房屋的专项维修资金管理使用	协助做好人口普查、1%人口抽样调查工作	
18		组织适龄公民参加兵役登记，做好政审工作		
19		出具收养相关证明	协助做好城乡居民社会养老保险、医疗保障工作	
20		保障妇女的合法权益	协助做好就业服务和失业管理工作	
21	政务帮办	劝阻、调解家庭暴力	协助做好优抚救济工作	
22		劝阻、调解遗弃家庭成员	协助做好城乡社会救助工作	
23		开展未成年人保护，做好预防未成年人犯罪工作，维护未成年人合法权益	协助做好退役军人走访慰问、困难帮扶、信息采集、就业帮扶工作	
24		做好老年人权益保障和服务的相关工作	协助做好对未成年人的教育、挽救工作	
25		做好残疾人工作，支持和帮助残疾人做好就业、参保和监护等工作	协助做好青少年教育工作	
26			协助做好适龄儿童、少年义务教育工作	
27		做好计划生育工作	协助开展艾滋病宣传教育等工作	
28	卫生健康	做好爱国卫生工作，开展健康促进与教育工作	协助做好疫苗预防接种及宣传教育工作	
29		组织居民参与社区的传染病预防与控制活动	协助开展精神卫生工作	
30		组织居民开展社会体育活动		
31	文化教育	普及科技知识	配合做好历史文化名城、街区、名镇、名村以及历史建筑的保护工作	
32		开展国防教育		

序号	基本功能	法定职责事项（45项）名称	协助配合事项（39项）名称	部门和乡镇（街道）交办的工作任务（1项）名称
33	养老服务	做好居家养老服务有关工作		
34	法律服务	开展法治宣传		
35	矛盾化解	设立人民调解委员会，排查调处各类纠纷		
36	治安防控		协助做好禁毒宣传教育、毒品预防和社区戒毒、社区康复工作	
37		积极协调处理化解发生在当地的信访事项和矛盾纠纷	配合做好社会治安综合治理、平安建设等工作	
38			协助配合做好宗教事务工作	
39			协助查处传销行为	
40			协助做好协助做好监外罪犯、社区矫正人员等的监督帮教工作	
41			协助做好流动人口居住登记相关的服务管理工作	
42			协助做好维护中小学校周围治安工作	
43			协助做好租赁房屋管理工作	
44	公共安全	开展群众性消防工作	协助做好食品小作坊、小餐饮店、小食杂店和食品摊贩的监督管理工作	
45		劝阻并报告所在区域内生产经营单位存在的事故隐患及安全生产违法行为	协助、配合开展食品安全网格化管理	
46			协助做好消防宣传教育、防火安全检查、火灾处置等相关工作	
47			协助做好房屋安全管理	
48	应急管理	做好防灾减灾救灾工作	协助做好突发公共卫生事件的应对及其防治知识的宣传、普及工作	

序号	基本功能	法定职责事项（45 项）名称	协助配合事项（39 项）名称	部门和乡镇（街道）交办的工作任务（1 项）名称
49	应急管理	开展突发事件的应急演练		
50			协助做好自然灾害救助及防灾减灾应急知识宣传普及工作	
51			协助开展防汛防台抗旱、抢险救灾避险、统计灾情、发放救灾物资等工作	
52			协助做好本辖区安全巡查、信息报送、情况统计、宣传发动、应急值守等相关工作	
53			协助做好基层全民安全宣传教育	
54			协助做好气象灾害、地震防御知识的宣传和应急演练工作	
55			协助开展公共救灾保险理赔服务工作	
56	干净	宣传动员生活垃圾分类工作，组织指导并督促居民开展生活垃圾分类投放	协助做好市容环境卫生治理工作	
57		负责无物业服务小区的环境卫生工作		
58		病媒生物预防控制		
59	有序	做好违法建设行为的劝阻、报告工作	协助做好文明养犬相关工作	
60	美化		协助做好综合治水和河道清淤疏浚、保洁工作	
61			配合做好城乡生活污水处理设施管理	
62	文明	开展社会主义精神文明建设活动和文明行为促进工作		
63		开展全民阅读促进工作		

高桥镇农村社区工作事项清单（共96项）

适用社区：宋家漕村、藕缆桥村、新庄村、红心村、联升村、长乐村、合心村、望江村、芦港村、梁祝村、高峰村、秀丰村、新联村、蒲家村、高桥村、江南村、石塘村、岐阳村、岐湖村、民乐村等20个农村社区

序号	基本功能	法定职责事项（45项）名称	协助配合事项（39项）名称	部门和乡镇（街道）交办的工作任务（1项）名称
1	党的建设	加强党组织建设		
2		做好党员发展和教育管理工作		
3		党员组织关系接转		
4		加强干部队伍建设		
5		宣传党的路线、方针、政策和国家法律、法规、政策		
6	村民自治	村民委员会的选举工作		
7		落实村民说事工作		
8		实行村务公开		
9		制定并实施村规民约		
10	其他公共服务	建立健全社区志愿服务工作机制		
11		办理本地区的公共事务和公益事业		
12		动员和组织适龄公民参加献血		
13	政务帮办	做好农业、经济、污染源普查和土地调查工作		协助开展居民家庭经济状况核对
14		组织适龄公民参加兵役登记，做好政审工作	协助做好人口普查、1%人口抽样调查工作	
15		出具收养相关证明	协助做好城乡居民社会养老保险、医疗保障工作	
16		保障妇女的合法权益	协助做好就业服务和失业管理工作	
17		劝阻、调解家庭暴力	协助做好城乡社会救助工作	
18		劝阻、调解遗弃家庭成员	协助做好农村五保供养工作	

续表

序号	基本功能	法定职责事项（45项）名称	协助配合事项（39项）名称	部门和乡镇（街道）交办的工作任务（1项）名称
19		开展未成年人保护，做好预防未成年人犯罪工作，维护未成年人合法权益	配合做好被征地农民基本生活保障工作	
20		做好老年人权益保障和服务的相关工作	协助做好退役军人走访慰问、困难帮扶、信息采集、就业帮扶工作	
21	政务帮办	做好残疾人工作，支持和帮助残疾人做好就业、参保和监护等工作	协助做好对未成年人的教育、挽救工作	
22		组织实施本村建设规划，兴修基础设施，指导村民建设住宅		
23			协助做好适龄儿童、少年义务教育工作	
24		做好计划生育工作	协助开展艾滋病宣传教育等工作	
25	卫生健康	做好爱国卫生工作，开展健康促进与教育工作	协助做好疫苗预防接种及宣传教育工作	
26		组织居民参与社区的传染病预防与控制活动	协助开展精神卫生工作	
27		组织居民开展社会体育活动		
28	文化教育	普及科技知识	配合做好历史文化名城、街区、名镇、名村以及历史建筑的保护工作	
29		做好国防教育		
30	养老服务	做好居家养老服务有关工作		
31	法律服务	开展法治宣传		
32		落实法律顾问制度		
33	矛盾化解	设立人民调解委员会，排查调处各类纠纷		

序号	基本功能	法定职责事项（45项）名称	协助配合事项（39项）名称	部门和乡镇（街道）交办的工作任务（1项）名称
34	治安防控	做好非法种植毒品原植物行为的制止、铲除和报告工作	协助做好禁毒宣传教育、毒品预防和社区戒毒、社区康复工作	
35		积极协调处理化解发生在当地的信访事项和矛盾纠纷	配合做好社会治安综合治理、平安建设等工作	
36			协助配合做好宗教事务工作	
37			协助查处传销行为	
38			协助做好监外罪犯、社区矫正人员等的监督帮教工作	
39			协助做好流动人口居住登记相关的服务管理工作	
40			协助做好维护中小学校周围治安工作	
41			协助做好租赁房屋管理工作	
42	公共安全	开展群众性消防工作	协助做好食品小作坊、小餐饮店、小食杂店和食品摊贩的监督管理工作	
43		劝阻并报告所在区域内生产经营单位存在的事故隐患及安全生产违法行为	协助、配合开展食品安全网格化管理	
44		保护饮用水水源	协助做好消防宣传教育、防火安全检查和火灾处置相关工作	
45		防止畜禽养殖污染	协助做好房屋安全管理	
46			配合做好烟花爆竹安全管理工作	
47			协助实施地质灾害避让搬迁工作	
48		做好防灾减灾救灾工作	协助做好突发公共卫生事件的应对及其防治知识的宣传、普及工作	

续表

序号	基本功能	法定职责事项（45项）名称	协助配合事项（39项）名称	部门和乡镇（街道）交办的工作任务（1项）名称
49	公共安全	开展突发事件的应急演练	协助做好动物疫情信息的收集、报告和各项应急处理措施的落实工作	
50			协助做好自然灾害救助及防灾减灾应急知识宣传普及工作	
51			协助开展防汛防台抗旱、抢险救灾避险、统计灾情、发放救灾物资等工作	
52			协助做好本辖区安全巡查、信息报送、情况统计、宣传发动、应急值守等相关工作	
53			协助做好基层全民安全宣传教育	
54			协助做好气象灾害、地震防御知识的宣传和应急演练工作	
55			协助公共巨灾保险理赔服务工作	
56		开展群众性消防工作		
57	生产环境	评定农田地力等级，履行耕地质量保护和建设相关义务		
58		开展农田水利相关工作	协助做好农村公路的养护与管理工作	
59	生活环境	做好违法建设行为的劝阻、报告工作	配合做好生活污水处理设施管理	
60		宣传动员生活垃圾分类工作，组织指导并督促村民开展生活垃圾分类投放	协助做好零星建筑垃圾管理	
61		实施农村改厕工作		
62		组织庭院卫生整治和公益卫生活动		

序号	基本功能	法定职责事项（45项）名称	协助配合事项（39项）名称	部门和乡镇（街道）交办的工作任务（1项）名称
63	生活环境	病媒生物预防控制	协助做好综合治水和河道清淤疏浚、保洁工作	
64	生态环境	组织开展植树造林工作	支持、配合、参与土地整治	
65		组织做好农作物病虫害防治工作		
66	文明环境	开展社会主义精神文明建设活动和文明行为促进工作		
67		做好殡葬管理有关工作		
68	"三资"管理	管理集体所有的土地和其他财产		
69		农村村民住宅用地审核		
70		土地承包管理		
71		集体经济财务管理	协助做好人口普查、1%人口抽样调查工作	

（4）街道办事处—社会组织和社工机构

自2008年，北京市率先提出构建"枢纽型"社会组织以来，社会组织获得了生长的契机，把业务主管职能从行政部门分离出来，旨在促使社会组织体现专业作用和服务特色，实现自主发展，在社会建设中发挥着不可替代的作用。枢纽是事物之间联系的中心节点，处在组织系统的中心位置。当前，随着社会转型不断加快，单纯依靠政府显然难以满足群众多样化需求和需要。应时代发展之势，社会组织对于承接政府转移出来的职能、承办政府想做而又做不好的项目，具有天然优势和专业力量。然而，各类组织呈几何式增长的背后，又面临散乱无章的生存困境和治理困局，如规范程度低、资金支持少、发展不均衡、缺少主动面向市场—寻找机会—争取资源的动力和能力等。因而，有必要建立"枢纽型"社会组织服务平台和社工机构，通过孵化和培育，为社区社会组织提供全方位支持，促使各种类型的社区社会组织整体发展得以均衡,而不是较多集中在文体娱乐类,缺少志愿公益型和社区发展型。

党的十八大报告提出建立现代社会组织体系,其目的是促使社会组织健康发展。在我国,社会组织基本代表一种"体制外"的力量,是官方所称"社会力量"的一种形态。从以往实践来看,大多数枢纽型社会组织属于政府主导扶持型,多成立于政府主导扶持和社区参与之下。而"枢纽型"社会组织也只是承担着鼓励和培育的阶段性使命。一方面,社会组织要依据法律法规行事,接受政府的监管;另一方面,社会组织获取、整合市场信息和资源的能力强于政府,同时很多社会组织积极履行自治的社会责任和政府责任,参与社会事务,为社会提供不同领域不同层次的社会服务,在合作中与政府一道推动社会的发展,为社会治理贡献自己的力量。当然,社会组织在参与社区治理过程中,也面临着"嵌入国家"与"嵌入社会"的"双向嵌入"互动关系,如政府购买社会服务、社会组织与政府有政治联系、政府与社会组织之间存在契约关系。[①]建立现代社会组织,从宏观上要加强区政府和街道办事处的政策、场地、资金支持,构建社会组织孵化培育平台,引导其提供便民利民等公益活动;从微观上要鼓励和引导社会组织和社会工作机构以项目化运作方式匹配需求,通过政府购买服务、公共风险投资、政府补贴和社会捐赠等方式,扩大社会组织、协会和商会、社会工作服务机构参与社区治理和发展空间。(见图8)

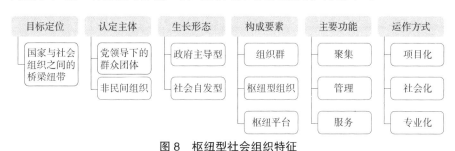

图8 枢纽型社会组织特征

① 王名,张雪.双向嵌入:社会组织参与社区治理自主性的一个分析框架 [J].南通大学学报(社会科学版),2019(2).

调研发现，深圳市东晓街道创新成立街道社会组织党群服务中心，探索出党建引领社会组织发展"双向赋能"模式，街道办事处通过组织、资源、机制等赋能社会组织发展，社会组织通过孵化社会组织、服务居民群众等方式赋能基层治理，推进"三社"主体深度融合，营造共建共治共享的社会治理格局。开展社区社会组织培育发展示范点创建工作，探索创新出一批好的经验做法。该街道社会组织党群服务中心的建筑面积约为400平方米，设有长者服务区、多功能区、党建办公室等区域，这里不仅是为辖区长者提供优质服务的重要基地，更是一个资源整合、共建共享的多功能服务平台，可为党群活动提供联合办公场地，为社会组织提供培训、协调、资源对接等服务。通过党建引领下的多元化服务供给，发挥党群、文体、社康的社区综合服务功能，为长者提供精神慰藉与人文关怀，推进康养、乐养生活和医养结合深度融合。作为党群服务的红色阵地，该中心承载着党群沟通的"连心桥"、先锋力量的"孵化地"、人大代表的"联络点"、长者颐养的"服务区"、社会组织的"加油站"、孩子成长的"助推器"、身心健康的"舒心馆"、弱势群体的"馨家园"、志愿服务的"朋友圈"、巾帼标兵的"文明岗"、职工服务的"暖蜂巢"、家政服务的"云平台"12项功能，基本涵盖老人、妇女、少年儿童、志愿者、企业职工、特殊人群等领域，充分满足辖区社区居民多层次需求。

2. 协作机制

如前文图7所示，"三社联动"机制构建与发展，离不开内部组织的相互配合与协作，这里主要体现为社会组织与社工机构之间、社区居委会与社会工作站之间的平等协作。

（1）社会组织—社工机构

为吸纳更多社会主体参与社会治理，提升社会治理的社会化、法治化、智能化、专业化水平。近年来，区政府、街道办事处不断通过规范程序、加强培训、提供项目督导等方式，培育孵化社会组织和支持社工机构发展。社会组织与社工机构的角色定位不同、分属领域不同，但在性质上同属于扎根社区的基层枢纽型社会组织。因而，要通过资源整合、优势互补、合作共治，实现社区服务与人民群众现实需求的无缝对接，力求"三社联动"工作效益最大化。一是街道层面各科室（社工站）提供政策支持和各类服务，积极搭建"两平台"，即社会组织孵化平台和培养专业社会工作者服务平台，给予组织运作、办公场地、服务场所、启动资金等方面的必要支持，充分调动社会组织的资源优势，充分发挥社工专业人才的专业优势，建立常态化合作渠道，以此增强社会力量参与社区治理的积极性和主动性。社会组织也要结合组织的实际情况、参考借鉴其他社会组织的成功经验来制定与政府互动的策略，比如通过积极宣传组织，赢得政府关注，探寻政府最迫切的关注点；通过明确组织定位，作出专业品牌的项目品牌策略和分享与出让政社合作成果，完善长效合作等。[①]社会组织采用的策略应具有针对性和时效性，而不是罔顾职责使命。社会组织的强实力是政社合作的基础，是为政府部门接纳的关键要素。二是街道办事处主导下，成立包括区政府、街道各相关部门、社区、社会组织、社会工作机构等在内的"三社联动"联席会议领导小组，统筹协调"三社联动"工作，完善相关制度、明确职责分工、制定实施细则，确保资金、项目、人力到位并及时匹配到基层，使供需资源在社区得以集结和有序对接。三是"社社联动"的效果是决定"三社联动"成败的要素之一。在社会组织与专业社会工作机构之间，可以通过加强彼此的合作开拓组织发展空间，激活社会组织的活力，促进组织自我完善。社会组织具有其自身独特的组织文化，其在参与社区治理的过程中可能会存在摩擦和融合。因而，在联动过程中，社会组织要有意识地避免相互间的价值冲突，最大限度地突出其公共性特征，通过资源互补形成彼此信任的合作局面，消除社区中的不良竞争，高效率地处理复杂的社会需求。"社社联动"要求社会组织拥有足够的联动

---

① 乔平，高克祥，等.政府与社会组织的合作：模式、机制和策略[M].北京：华夏出版社，2015年版。

空间，破除组织间开展合作的权力限制，进而依靠合作机制改变社区服务的过度分散以及不良竞争，更好地满足社区居民的需求，提高社区治理的整体水平。对于社会组织和专业社工机构来讲，这里面也体现出个人与所在组织的关系。一方面，社会组织要为社会工作人才开展工作、提升自我价值提供良好的环境空间，以提高组织服务的质量；另一方面，社会组织通过督导、培训和促进社会工作人才专业能力的成长，使其将社会工作价值理念与社会组织的使命宗旨紧密联系起来，将社会工作的专业方法技巧融入社会组织运作模式中，提高社会组织服务专业化水平。社会组织和社会工作者在社区这一舞台，紧紧围绕社区居民需求和社区发展而开展治理服务，进而促进居民参与、改善社区关系、解决社区问题、促进社区可持续发展，两者的合作效果致力于"1+1>2"。"三社联动"正是在政府主导下，建立各参与主体组织资源共享平台，实现公益资源最大化利用；构建相互依存、联合互动伙伴关系，拓展社会关系网络，形成基层社会治理的共同体和多方融合发展的新模式。

（2）社区居委会—社区工作站

如前所述，社区居委会和社区工作站是在社区层面并行的两个组织，二者分别对应着"自治性"与"事务性"工作。虽工作职责不同，但均面向社区群众。二者同属于社区治理共同体，在功能定位方面有交叉点，旨在提升群众幸福感和获得感，满足居民日益多样化的生活需求；在目标导向方面，都指向加强社区治理体系建设，提升社区服务供给能力和水平。一是制定社区准入事项清单，将社区事务分类划分，包括法定职责事项、协助配合事项和部门（乡镇、街道）交办的工作任务等。凡行政委托性事务均按规章程序交由社区工作站完成，给社区居委会减负，解决"万能居委会"行政负担重、检查评比多、会议多、台账多、不合理证明多等突出问题，发挥社区自治功能，激发社区发展活力。二是完善社区协商会议制度，规范社区协商采取自下而上的方式，通过"民主协商会、阳光议事厅、院坝协商会、楼栋协商会"等形式，多元主体共同参与协商的社区联席会议制度，对社区居民涉及多方利益的矛盾与有关方面进行协调，实现社情民意有效收集、群众诉求合理表达、多元主体共建共治、民生诉求及时解决。规范民主协商程序，拓展多种议事协商形式，围绕广大居民普遍关心的公共议题，发动群众面对面建言献策，责任单位执行落实，项目进展定期跟踪等，形成"时时有响应"的良好议事氛围。三是建立"三社联动"主体共治联动机制。引入社会组织、社会工作机构解决涉及居民关心的物业服务、环境提升、老旧小区改造等问题，真正让社区治理难题件件有着落，事事有回音。

3. 合作机制

"三社联动"机制是顺势而为的一种社会服务模式的全新探索。如前文图 7 所示，"三社联动"机制构建离不开社区、社会组织和社会工作专业人才（队伍）等相互联动与深入合作。基层社会治理的有效运转也离不开政治有效性和管理有效性。一是在"三社联动"运行机制中，社区居委会是自治组织，由居民民主选举产生，通过社区居民代表大会和社区议事平台汇集民意，并及时反馈给街道办事处。社会组织是现代管理的组织化形式，具有弥补社会治理短板的结构优势、提供可持续专业服务的动力优势和高效资源整合的链接优势。而社会工作者是具有理论知识和专业技能的人才，突出实践导向、价值导向和需求导向。三者面向民政服务项目开展服务。二是社区社会组织和支持性社会工作机构，以政府购买服务为推动、以项目化运作为纽带，切实满足社区居民多样需求。三是社区信息化服务平台运用大数据、云计算、移动客户端、微信公众号、支付宝便民服务端等现代技术，聚焦"智治"互联互通和资源共享，拓宽反馈渠道，推动基层社会治理精细化、精准化服务，使"三社"联动起来。

第三章 "三社联动"之地方进展与特色

当前，认识和掌握社会发展和社会治理的基本规律，以科学的原则来组织社会生活，建立健全合理完善的社会治理体系和制度，已成为保证社会系统良性运行、协调发展的重要范式。党的十八大以来，全国各地积极探索基层社会治理规律，深入推进"三社联动""五社联动"运行机制，建立起各具特色的地方治理样态体系和访民情、听民意、解民难的工作机制，有效推动社会管理向社会治理转变。鉴于我国地域广阔，各地发展程度不一、基础不同、差异较大，课题组选取不同地域、不同类型的地方实践进行深入剖析，以点带面，分类归纳，并将其划分为"项目带动型""政策推动型""枢纽创新型""需求导向型"等特色类型。

一、"项目带动型"联动：上海实践

（一）上海实践背景

1994 年，上海成为我国内地首批开展社会工作的城市之一。此时的上海，刚刚从街居制转向社区制，相应地，其工作方式也比较单一，工作范畴也比较广泛，一些社会工作所涉及的内容，如社区自治、管理与服务等均涵盖在内。2004 年，上海率先开展"三社互动"模式，成为全国范围内开展"三社联动"探索的先行者和典范。2010 年起，上海徐家汇街道党工委、办事处本着"市场无法满足、居民确有需求、政府应当承担"的定位，积极探索"三社联动"机制。在这一机制运行下，社区、居民、社会组织深度合作，特别是发挥社会工作队伍的人力资源优势，有效促进社会共治和社区自治，凸显"三社联动"社工专业化优势。2014年，上海市委提出一号课题，主动回应社区治理问题，将社工专业服务送到社区基层去，使居民在自治能力上有所提升，使社区在自治平台上有所增加，使街道在自治载体上有所丰富。

徐家汇街道隶属上海市徐汇区，地处徐汇区中西部，地理位置优越，东起宛平南路、天平路、华山路，西至凯旋路，南临中山南二路，北达淮海西路，行政区域总面积4.07平方千米，辖29个社区，常住人口12万余人，城镇化率100%。徐家汇街道的发展定位、人口结构特征，意味着辖区居民对社区公共服务、公共管理和公共安全等需求较高，且差异化程度较大。受公共服务资源投入所限，仅依靠政府或街道的力量来开展服务，难以满足辖区居民的现实需要，甚至还会面临更大的挑战。在政府职能转型背景之下，以往"大包大揽"的行政供给模式显然也无法适应和满足人们日益增长的多样化个性化服务需求。因此，徐汇区及时调整社区治理思路，积极探索发挥彰显社工优势的"三社联动"模式，激发社会活力，不断提升公共服务供给的规模和质量。

2020年，徐家汇街道收入总支出超过3.86亿元，街道社区事务受理服务中心实行"全年无休"工作制，开展"一口受理"和"全区通办"服务，业务涵盖社会救助、劳动保障、社区服务、工会互助、保障性住房等十大类，188项事务，其中129项为当场办结。此外，还设有社区生活服务中心和街道老年服务中心。历史上的徐家汇地区是中西文化交汇的重要地点，今天的徐家汇更是上海经济、文化的领头羊。进入新时代，徐汇区街道党工委和办事处，充分挖掘并利用徐家汇的区位优势、人才资源和经济优势，立足社区居民需求，全力推进社区治理创新。

（二）主要做法及运行机制

1. 突出街道办事处的中心作用

徐家汇街道通过积极探索和实践，一是盘活了社区资源，为"三社联动"提供了资源平台，通过社区社会组织建设，社区居民有了参与社区自治的平台，居民在参与中增强自我管理、自我教育、自我服务的主体意识和能动性。二是培育和发展了社会组织，为"三社联动"提供组织保障。街道在全市率先明确大力发展社会组织、培育公益文化的发展思路，依托徐家汇园这一社会组织孵化机构，加强对培育和发展社区社会组织的制度设计和机制探索。通过政府购买服务、社会组织提供服务、项目化运作等方式，引导社会组织参与社区治理。三是建立与完善社工队伍，为"三社联动"提供专业人才支撑。其实，上海早在2003年就建立起职业资格制度注册管理和继续教育制度，通过考试、职业资格认证，一大批社工通过初级、中级资格认证考试，提升社工职业素养。在这方面，徐汇区街道专门出台激励政策，鼓励社区居委会成员、社会组织工作者、社区工作者、政府相关部门工作人员参加社会工作专业力量和实务培训，对取得初级、中级社会工作师的人员给予奖励，并将其纳入编制作为专业技术人才管理，有力地促进了社工的职业发展。四是以项目运作为纽带，为"三社联动"提供创新动力。通过自治项目与公益服务项目对接，将社会组织专业资源直接引入居委会。居委会对社区需求归纳整理，对能够依托社区资源予以解决的，则通过自治方式解决；对超出能力范围的，由街道引入的社会组织来开展服务；而对未能及时满足的需求，则在次年通过购买服务予以匹配。

2. 调动社会组织的积极性

在街道积极支持下，社区社会组织在数量和类型上迅速增长，也调动了各类组织的积极性，使社区社会组织更广泛地参与到社区治理之中，成为政府职能转移的重要帮手和社区服务的重要供给者。这些社区社会组织活跃在养老、助残、就业、托管、教育、文化、生活服务、社会救助等各个领域，服务内容更多样、服务对象覆盖面更广泛。党的十八大之后，街道重组民生基金管理委员会，运用民生基金，率先推行"微公益"，通过搭建平台，激发社区居民参与社区治理的活力。

3. 发挥社工机构的专业优势

在上海，街道注重发挥民主协商作用，建立居委会和自治理事会等自治平台。社会工作者用专业化视角和敏锐的洞察力，及时发现并回应居民需求，进而有针对性地开展各项活动。一些为民活动，在社会工作专业机构和专业力量介入后，形式更为多样、内容更为丰富、特色更为鲜明。以居委会助老服务为例，居委会与自治理事会通过实际调研，发现社区内老年人除日常为老服务外，还有复健等需求，但社区现有资源及自治项目尚无法提供相应服务。随后，社区将此类需求反馈给街道，在街道的协调下，由社工机构为该居委会老年人提供疗养服务，进而满足实际需求。通过专业力量的介入，使居委会治理效能得到显著增强，服务范围也从退休老人进一步拓展到学龄儿童、年轻妈妈、国外友人、外来流动人口等群体。

（三）联动特色

"项目带动型"联动特色为：一是有效链接社会资源。项目是资金和服务的统一体，是整合和联结服务对象与政府等资助主体的桥梁。在实践中，上海市以项目为抓手，将基层政府、街道、社区居委会、社会组织、社会工作者、志愿团体、物业、驻街单位、社区居民等有效链接起来，最大化发挥社区各治理主体优势，以满足社区居民的多元化需求。二是体现竞争性供给方式。"项目带动型"联动，既包括公开招标、竞争性谈判、比选和委托等常规购买方式，也包括竞争性谈判和委托等应急购买方式，注重发挥市场在资源配置中的决定性作用，充分体现出效益性和专业性特征，进而推进政府治理和公共服务方式创新。三是实现需求与供给对接。政府购买服务是服务购买者、承接者、使用者、评估者等四元主体联合起来建立合作机制的互动过程。在街道社区服务中心，其所建立的合作供给机制形成了从需求对接到评估考核的闭环。通过社区居民、社会组织、社工和市场的跨界治理与合作，有效促进社区共治，激发社区发展活力。此外，上海"三社联动"机制，还突出"吸纳社工专业人才"这一政策要求，注重发挥志愿者和义工的作用，探索社工与义工的联动，使居民需求与专业力量形成有效对接。四是搭建便民联动平台。徐家汇街道以社区生活服务中心为枢纽平台，以政府向社会组织购买服务为抓手，积极探索"三社联动"，夯实社区建设，加强社会组织培育，鼓励公益性社会组织参与社区民生服务，重点发展专业社工机构，开展专业化社会工作，整合家庭、社区、政府及社会等各类资源，提升社区服务质量和水平。五是壮大志愿服务力量。上海市依托社区生活服务中心，不断壮大专业志愿者队伍，为辖区居民提供法律咨询、心理咨询、为老服务、助残服务等专业志愿力量。目前，社区生活服务中心拥有登记在册的专业服务志愿者已超千余人，志愿活动参与率极高。上海"三社联动"模式的成熟开展，使得社会组织有了更多介入社区服务的机会并获取更多资源，进而在运作项目、提供服务的过程中，实现自我成长。同时，"三社联动"的专业要求也会在无形之中，促使社工机构和社工不断提高竞争力，不断提升社会工作专业力量规范化、专业化、职业化水平。

（四）延伸案例

案例之一

"三社联动"探索徐汇区军休干部养老社会化服务

军休干部养老服务是落实军人退役制度的重要举措。在社会层面，如何更好实现老有所养？徐汇区军休中心引入"三社联动"机制，探索军休干部养老社会化服务。

1.现实背景

徐汇区军休中心是政府直接服务和管理军休干部的专设机构，但在具体实践过程中，以军休中心为核心主体的养老服务模式却面临着诸多困难与挑战。第一，尽管现有的"1个中心、2个分所"，硬件设施都比较齐全，可为军休干部提供各类活动场所，但由于军休干部年龄普遍偏大，且居住社区非常分散，频繁来往于此并不现实。如何"就近提供服务"成为徐汇区军休中心必须解决的难题。第二，专职工作人员少。军休中心现有工作人员25人，在专业化养老服务能力方面，始终无法与专业机构相比。如何更有针对性地满足多元化的养老需求是徐汇区军休中心面临的又一难题。第三，军休干部的生活空间始终在社区，与社区的接触频率最高，如何通过资源整合与服务下沉，实现军休干部社区化养老更是亟待解决的问题。在这种背景下，徐汇区军休中心开启了军休干部养老服务改革创新的探索。

2. 基本思路

军休服务机构要充分发挥桥梁纽带作用，为军休干部利用社会资源、融入社区、参与社区组织生活提供便利，使军休干部得到契合需求的服务和自我实现的平台。另外，军休服务机构要始终坚持为军休干部服务的理念，必须一如既往地落实好军休干部"两个待遇"，充当好军休干部坚强后盾的角色，以军休干部的需求、难处作为工作的出发点。在此基础上，还应拓展军休服务途径，将单位化、集中封闭式的服务管理体制转换为开放式、多元化、社会化、效能化的现代公共服务提供模式。

在这一思路的引领下，徐汇区推动以社会化为核心的军休干部养老服务改革创新实践，将社会化的侧重点放在社区、社会组织和社会单位三个主体上。理由有三：其一，社区是军休干部的生活场所，社区应当成为军休干部享受日常养老服务的主要载体；其二，社会组织的优势在于具有专业的养老服务技能，通过引入社会组织参与养老服务供给，可以提高服务的专业性；其三，社会单位主要是指区域单位，很多区域单位拥有与养老相关的丰富资源，通过共建合作，可以提高现有军休干部养老服务内容的多元性。

3. 主要做法

一是在社区层面主动对接服务。徐汇区军休中心通过与社区共建合作的方式,让许多针对军休干部的养老服务直接在社区层面提供。如经常性地在社区层面组织集体学习,通过沟通交流了解思想、身体、生活情况,与街道协调为军休干部提供在社区用餐、享受日间照料等更多的便利。通过主动对接,使社区成为军休干部融入社会的重要平台,此外还邀请有意愿、有能力、有特长的军休干部,在传统文化、关心下一代、家庭家教家风等社区活动中发挥余热,让军休干部在享受社区各类服务的同时,施展自己的才华,实现"老有所为""老有所乐"。

二是与专业社会组织展开合作。针对行动不便、生活不能自理、90岁以上、独居、无子女、患精神疾病等六类军休干部,徐汇区军休中心向专业社会组织购买定制化服务。如与"久久关爱"为老服务平台签约,制定服务方案,包括基础应急、上门家政、陪同配药、心理慰藉等各类生活日常服务。此外,还组织建立志愿服务社会组织,通过招募社会上有一定专长的青年志愿者,使之与有法律、社工专业背景的在职职工联合成立"法律援助小组""心理咨询小组",秉承"维护军休干部合法权益"、尊重军休干部隐私的宗旨,为军休干部维权,缓解心理压力。自此项合作开展以来,至今已累计接待军休干部80余人次。

三是与社会单位开展共建。通过向社会单位购买服务,徐汇区军休中心为军休干部提供个性化养老服务。比如,与刘博士阳光心理工作室开展合作,采取"集体疏导+个别辅导"相结合的形式,传达乐观积极的生活心态。再如,与徐汇区中心医院签订了协议,为军休干部看病住院提供更多方便和保障,与金融类区域单位开展共建,为军休干部提供金融理财安全专业知识,等等。这种与区域单位开展共建的方式,为军休干部提供了更多可供选择的特色服务。

4. 未来趋势

首先目前,徐汇区在社会治理重心下移过程中,已将公共服务平台下沉到社区层面，以邻里汇为代表的公共服务平台正在成为社区公共服务的重要提供空间。未来，只有将有限资源下沉，通过资源整合，才能进一步提高社会化服务的便捷度。其次，还要加大社会组织购买服务力度。目前，徐汇区军休中心开展的购买公共服务力度仍然有限，今后的发展思路是将涉及军休干部养老服务的内容，逐步外包给拥有专业资质的社会组织，而军休中心则主要保留经费核算和政治建设等工作内容。除了逐渐外包，军休中心也要培育自己的专业社会组织，形成专业服务力量。最后，未来进一步提高区域单元资源的融合水平。区域单位资源的整合程度虽然已经有了基础，但制度化程度和互动性并不显著。今后的发展是借助区域化党建实践模式，推动实现区域社会资源整合的项目化运作，通过列清单的方式，与区域单位互相认领共建项目，发挥彼此核心优势，以期实现各项资源的高度融合与各主体的高效联动。

案例之二

上海"乐群"社工服务社

21世纪初，秉承"促进社会进步，焕发生命光彩"理念的上海"乐群"社工服务社正式成立，这是我国第一家非营利的社工机构。该机构倡导人文关爱，不论职业、年龄和阶层差异，为各类有需要的群体提供务实高效的社会化服务。通过开展项目制，围绕民生公共议题，协助政府及社区进行社会救助与服务。作为先行机构，"乐群"推动社工行业的整体发展，其实操力、专业力在一个个项目完成和居民认可中得到检验，能力也在实践中进一步飞跃。目前，"乐群"有员工近50人，工作岗位分布于38个社区生活服务中心和志愿服务中心及工作站，各类服务项目在全国多点开花。(见表8)仅以"乐群"在静安区开展的项目为例，其社区服务项目就有10余个，覆盖5个街道，100多个基层居民区，服务数万人。

1. 居民有参与，才是真自治

自治服务的最终目的是将社区还给居民，让居民成为社区的主人，从而推动社区的改变。在这个过程中，社工是引领者、协助者，更是推动者。在居委会开展优秀楼组项目评审活动时，静安寺街道华山社区书记曾对"乐群"提出要求，"要和以往的居委活动不一样，让居民有参与，要好玩，要像电视上选秀一样热热闹闹"。为此，"乐群"社工多次深入楼组实地探访，与楼组志愿者沟通讨论，一起想口号，一起准备演讲展示，帮助他们建立起自治小组，确定楼组需求，设计楼组自治方案。从前期的智力支持到后期的种种参与，乃至最后环节的海选活动也做到社区居民共同参与，让楼组长和楼组居民都真切地感受到楼组建设是大家的事情，一起去做、一起去管，治理效果才能更好。"三社联动"机制的构建离不开多元主体合作共治，如专业社工有方法、有经验，社区居民有热情。实践中，这一机制可以引领社区居民和志愿者提高参与度、响应度。

表 8 "乐群"所获各项荣誉

时间	所获荣誉
2010.01	被国家民政部评为"全国先进社会组织"
2010.06	获得中国社会工作协会颁发的"民族社会工作先进集体奖"
2011.01	被上海市共青团委员会授予"上海市青年五四奖章集体"称号
2011.09	被国家民政部评为"全国社会工作人才队伍建设试点示范单位"
2012.05	被中国社会工作协会评为"先进民办社工服务机构"
2012.12	被上海市社会团体管理局评为"AAAAA 级社会组织"
2016.03	荣获"2015 年度全国百强社会工作服务机构"称号
2017.03	荣获 2015—2016 浦东新区"三八红旗集体"称号
2017.12	被上海市社会团体管理局复评为"AAAAA 级社会组织"
2018.03	荣获"2017 年度全国百强社会工作服务机构"称号
2019.09	荣获第三届公益之星"年度十佳公益机构"称号
2020.02	荣获"2019 年度全国百强社会工作服务机构"称号
2020.03	荣获"2019 年度全国百强社会工作服务机构"称号
2020.06	荣获中共上海市浦东新区花木街道工作委员会颁发的花木街道"十佳党组织"称号

续表

时间	所获荣誉
2021.03	荣获上海市社工协会颁发的"社会工作特别贡献奖"称号
2021.06	荣获上海市社工协会颁发的沪滇"牵手计划"品牌项目荣誉证书
2021.09	荣获浦东新区民政局颁发的沪滇"牵手计划"伙伴证
2021.11	荣获浦东新区民政局颁发的"公益活动信息迅捷奖"
2021.12	"乐群"党支部荣获中共上海市浦东新区委员会组织部颁发的2020年度"一级党组织"称号
2022.06	荣获浦东新区民政局颁发的"疫情防控感谢状"

2. 社区有需求，才是真落地

针对"家庭适老型居住房屋如何扩大服务内容"这道难题，"乐群"从"家"的概念入手，在原有适老型房屋改造的基础上，打造新型社区综合服务体。自此，"临汾·家"为服务1—3岁孩子建立了"童乐家"儿童绘本阅读和亲子课堂，为全职妈妈们量身定制了"巧手课堂间"，为老年人家庭提供了备受欢迎的"专业居家养护课程"等18项服务。短短7个多月以来，累计服务千余人。改造后的"临汾·家"成为多元化载体，以特色活动来拓展居民的生活。实践发现，社区综合服务新模式是创新社会治理的有益尝试。社工机构从社区居民实际需求出发，利用各自优势和资源，让街道办事处成为规划者与监督者，让社区成为统筹者与资源提供者，让社会组织成为资源整合者与增能者，让专业社工成为服务提供者与需求发现者。在"三社联动"机制之下，主动回应社区需求，推动社区治理可持续发展。

3. "三社"要联动，需要目标一致

针对宝山路街道党群办"海上弄堂文化主题活动"提出要让居民有参与感和获得感的要求，"乐群"专业社工，从服务的形式和服务的内涵着手，创造性地提出组团式定向赛的形式，由社区居委会积极动员。通过"线上＋线下"报名，选出50组参与队伍，除了以家庭、亲友组队之外，邻居、同事、同学等参与比例超过了一半，上至 60 岁的爷爷奶奶组合，下至 15 岁的同学组合，项目开展做到了广泛参与。同时，在环节的设计上，以专业视角充分挖掘社区资源，如特色旗袍秀、沪语童谣、弄堂游戏、长者关怀等服务内容在此充分展现，让居民在每个体验点中都感受到弄堂文化的魅力。

无论是社会组织、街道还是社区，要真正成为紧密的伙伴关系，就要真正做到"三社联动"。而关键的一步，就是积极寻找并建立共同的目标——让居民生活更美好。"乐群"通过以下三种方式，逐步拓展"三社联动"的可持续化平台：第一，以督导为媒介的增能模式，重在理念趋同、服务探索；第二，以项目为载体的合作形式，重在优势互补、资源共享；第三，以社区服务空间运营为平台，重在需求回应、长效发展。简言之，用先进理念去组织，用专业力量去服务，用公益项目去落地，用合作平台去实现，让社区能够找到靠谱的社会组织，社会组织也能够找到有理念有想法的社区干部，以此共同推动社区自治的发展。

（五）简要评价

1. 主要成效

一是有效提升社区服务能力，减轻了政府压力。上海"三社联动"先行实践，改善了公共服务质量，提高了公共服务效率。通过更多社会组织之间的竞争和社会工作方法的引入，社区服务有了专业理论和方法的指导，服务的内容也从较为大众的便民服务向更为专业的咨询、辅导类服务发展。中心城区生活成本高，老龄化程度高，在这里生活、工作的人群有着不同的服务需求。社区服务引入更多社会组织参与，改变了以往政府作为单一主体的社区服务方式，促进服务领域由特定群体向社会公众拓展，使服务对象和服务内容更为多样。此外，也降低了行政成本，把一些群众性、社会性、公益性和服务性的微观社会管理职能，委托给社会组织承担，取得了良好的社会效果，运作成本也比政府低很多。

二是夯实基层社会治理基础，激发社会活力。社区生活服务中心自成立以来，组建了一支专业志愿者队伍服务社区广大居民，为法律咨询、心理咨询、为老服务、助残服务等各项工作提供专业志愿者力量。目前，社区生活服务中心拥有各类登记在册的专业服务志愿者已超过 2000 人，志愿活动参与率很高。另外，通过政府购买服务工作架构和机制的创新，厘清政府和社会组织的关系，固化政府内部职责界定，强化过程监管，社会组织能力得到培育提升，逐渐形成"以社区为平台、政府扶持监督、社会组织承接、项目化管理运作、专业社工引领、志愿者参与"的模式，促进"小政府、大社会"格局的形成。社会组织获得了更多介入社区服务的机会和资源，在运作项目、提供服务的过程中实现自我成长。同时，"三社联动"的专业要求也在无形中，促使社会组织的规范化、专业化、职业化水平不断提高，竞争力整体提升。

2. 存在不足

"项目带动型"联动机制是一项系统工程，需要协调推进以平衡发展。作为一项制度创新，其涉及社区、社会组织和社工三者之间关系的调整，但由于其探索时间较短、经验有限，还存在诸多不足，主要表现为以下几方面：

一是社区多元治理主体结构失衡，行政化色彩较重。虽然"项目带动型"联动彰显了社区、社区居民、社会组织、社会工作者和社区志愿者等多元主体在社区治理中的重要性，并培育发展各方力量，但从当前效果来看，以区政府、街道办、社区党委、居委会为代表的传统主体"一家独大"局面尚未彻底改变，而其他治理主体远未发展到相似的成熟程度，多元主体、合作共治、平等协商、社会自治等机制形成仍需时间。政府掌握并控制绝大多数的资源，权力让渡空间不够；部分社区的"三社联动"以完成政府安排的行政性、事务性工作为中心，而较少顾及自发性、独立性的社区服务；社会组织的可持续发展能力不强；社会工作的认知度和独立性不高；社区居民和志愿者的参与度不够；等等，此类问题直接影响多元"联动"的效果。

二是对社会组织的承接能力和发展壮大缺乏信任。"项目带动型"联动的重要基础就是政府通过购买社会组织服务的方式转移公共职能，以追求减负增效，其顺利实现需要培育强而有力的社会组织。社会组织在数量增长的背后，其实暗藏很多短期内难以改变的深层次困境，如政府和民众的信任问题等，而这些问题导致社会组织在政府购买服务中承接力严重不足。

三是该模式的可推广、可复制问题有待商榷。上海市"项目带动型"联动的最大特色之一，就是大力度地将政府部分公共事务通过服务购买的方式转移给社会组织。然而，在实际运作过程中，既需要地方领导层的改革创新魄力与决心，也需要其对社会组织的信任和支持，还需要相当的财政力量作为支撑，以保证政府购买项目服务的覆盖面和持续度。因此，该类型在其他地区，特别是中西部边远地区和广大农村社区能否实现，仍有待商榷，也要历经时间考验。

二、"政策推动型"联动：包头实践

在当前社会主要矛盾发生转变的形势下，民族地区基层社会治理势必出现新风险、新矛盾和新问题，城市社区治理也应开辟新思路、新模式和新机制。"三社联动"是对新时代基层社会治理方式创新的一种回应。我国民族自治地方众多，各民族结构和人口差异较大。本节以内蒙古包头市的做法为例，探讨这个多年"模范自治区"，在基层社会治理的可圈可点之成效和可学可鉴之经验。

（一）内蒙古包头市实践背景

包头是内蒙古自治区下辖拥有地方立法权的地级市，也是内蒙古自治区最大的工业城市和钢铁生产加工基地，2022 年，城镇居民人均可支配收入近 6 万元，位列我国西部城市第一。近年来，包头市政府高度重视社区建设和社区发展工作，积极推进社区治理体制改革和机制创新，取得了一些成绩。

从 2012 年起，包头市社区建设驶入快车道。其中，具备良好发展基础和社区环境的青山区，作为创新社会管理体制改革试点区，按照"精街道、强社区"的思路，开始推行"一委一站一居"的新型城市社区管理体制改革。在辖区 51 个街道社区建立组织架构，并将街道办事处原来承担的公共服务职能、社会管理职能及相关事务性工作下沉到社区，依法有序将政府财政资源向社区下移，公共资源向社区整合，基本公共服务向社区延伸。由于前期良好的改革成效和基础，被中华人民共和国民政部确定为"第二批全国社区治理和服务创新试验区"，率先开展社区治理创新工作。此后又加快实现居委会去"行政化"和管理服务站职责法定的目标，推行社区准入制度并出台相应实施办法。当年列出行政管理清单 8 类 30 项 132 个，公共服务清单 4 类 25 项 62 个，精简取消清单 5 类 32 项 122 个，较大提升了服务效率。2018 年，昆都仑区率先提出"一委三居"（社区党委、居民议事委员会、居民监督委员会、居民委员会）民主协商议事机制，使之制度化、规范化和程序化。在此基础上，又以实施"三社联动"为契机，大力培育、孵化社会组织和公益志愿性组织，建设"社工＋义工（志愿者）"的"双工"联动服务机制，提升公众参与能力。青山区和昆都仑区所建立的社区协商议事基本架构，规范居委会职责事项 20 项，落实居委会协助政府工作事项 12 项，形成具有本地特色的社区治理和服务创新模式。特别是昆都仑区，首创的"两中心一平台"模式，把街道辖区的公共事受理服务和社会治安综合治理职能向中心社区集聚，取得良好的社会反响，成为民族地区开展"三社联动"机制的鲜活样本。（见图 9）

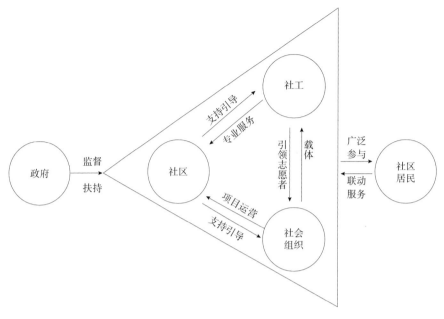

图 9　包头市"三社联动"机制

（二）主要做法及运行机制

1."三社"主体合作机制

在实践中，包头市进一步理顺社区党组织、居委会和社区各类组织的关系，明确社区居委会、社区服务站的工作职责和职能分工。加强社区党组织对社区各类组织的领导、指导和引导；建立了社区党组织牵头，社工服务机构引领，社区服务中心、业主委员会、社区物业、社会组织、驻区单位参加的社区治理协调机构或联席会议制度，沟通、研究、协调社区治理中的重要问题。

2.社区居委会带动机制

包头市重视"三社联动"工作平台的建设，投入大量资金，配备与社区服务需求相适应的服务硬件和软件设施，精心调配社会组织和专业社工力量，科学设置互动空间和服务项目，充分发掘社区居委会的优势，通过政策引领、信息引导、资金支持、社区社会组织孵化培育、项目合作、专业社工人才培养等手段，实现居委会的枢纽作用，促使多方主体联动起来。社区居委会逐步明确了各主体的职责边界，各类社区议题尽由发起者和带头者来激活各主体的资源，这样社区居委会可以很好地承担起职责。

3. 持续互惠互动机制

包头市以政府购买公共服务的政策保障为前提，明确要求街道、社区党组织、辖区共驻共建单位和各类专业组织，采取政府购买服务和项目特定委托的形式开展合作，建立项目征集、论证、采购、评价等工作规范。通过召开项目招标洽谈会、论证会等方式抓好项目管理，面向符合条件的社会组织和专业社工服务机构购买服务，引导社会力量参与提供公共服务，实行政府主导、社会组织协同、公民参与相结合的"三社联动"服务供给机制。基于对社会组织和社区居委会的信任和利益引导，最大限度激发"三社联动"参与主体的内在活力，保障其利益诉求和目标的达成，提高社区治理的人力、物力、财力等资源使用效能，形成了基层政府、社会组织、自治组织、辖区单位、居民群众等多元参与、协商共治和良性互动的局面。

4. 专业监管和评估机制

"三社联动"服务供给需要全过程的监督和评价，以期在实施中确保执行少偏差、形式不走样和资源得以合理高效利用。在"三社联动"机制运行过程中，由街道党工委主导，以社区党组织为主体，以社区居委会为枢纽，以专业社会组织为依托，将"三社联动"服务标准量化、具体服务项目细化，并通过社区"两委"会论证和居民代表大会审议的形式，进一步对服务项目的必要性、可行性进行研究和确认，严格抓好服务项目的整体规划设计和立项。在实施过程中，更是建立科学完善的评估体系，将有关服务项目纳入市级城市基层党建工作项目建设总体规划，并邀请第三方专家组对服务项目进行绩效评估，社区党组织和服务对象代表共同参与项目的监督和总结，以保证项目顺利实施。围绕对联动主体服务方式和服务行为的监督，逐步形成首问负责制、网格责任制、兜底负责制、入户走访制、工作例会制、互评互查制等多种监管评估机制，而且定期、不定期地组织第三方力量，对社会组织及其项目进行标准制度建设，建立起完整的社会组织 A 级评估体系，依据专业标准检验"三社联动"机制的运行效果，并实行动态化管理。

（三）联动特色

1.构架"三社联动"社区服务平台

其一，结合本地社区发展实际，包头市创新出"一口受理、两级代办"的社区服务模式。按照"扁平化体制、下沉式职能、网格状管理、全方位服务，下评上机制"的社区治理模式创新路径，积极推行"精街道、强社区、促服务"管理体制改革，已由"一委一站一居"模式过渡到"一委一站多居"模式，再发展到目前"一口受理，两级代办"模式，体现出新时期社区服务平台建设与时俱进和不断创新。在社区党委领导下，通过组建社区服务站、社区居委会"去行政化"等措施，将政府的社会服务职能向社区下沉，优化了人、财、物等各类资源的配置，有效整合社区闲散资源，形成党委领导、服务站承载、居委会自治、服务窗口办事的社区治理体制。其中，街道主要行使社区建设的统筹规划、资源协调、监督管理、指导服务和综合治理职能，其承担的社会管理和公共服务职能及与之相关的事务性工作均下放到社区；将街道权属内的行政审批、公共服务事项全部下沉到受理服务中心办理，在每个街道的中心社区设置多个服务窗口，推行前台分流、后台办理方式；依托智慧社区信息系统，使每个窗口均可集中办理公共事务，实现"居民办事一门式、窗口受理一口化"；每个办事处选择一个居民服务站加挂公共事务受理服务中心牌子，再根据人口密度、年龄结构等因地制宜地设置代办点，由社区干部和工作人员代办实现了区级治理和服务重心向街道社区级下沉和职能转化，并通过信息化平台，建立了治理和服务的良性互动机制。

其二，建立社区民主协商议事平台。依照社区建设实际，包头市创新出多种社区民主协商机制，形成各具特色的社区民主协商平台，并逐渐实现制度化、规范化和程序化运作，如"3456"协商工作法、"五位一体"民主协商社区自管物业管理、"一委三会"民主协商议事机制、"3+X四方共议"等多种模式。积极引导社区居民广泛参与社区党建、物业管理、居民需求、惠民政策、公共事务、公益事业及其他热点、难点问题的协商，以及议定和执行过程，自由表达真实意见和看法，变"为民做主"为"由民做主"，充分调动广大群众参与协商的积极性。此外，还为社区居民搭建了"民事民提、民事民议、民事民决、民事民评"平台，有效整合社区资源，强化街道社区组织整合功能和团结带领群众的作用，从而拓宽党组织服务功能，密切了党群干群关系，提高了群众工作的满意度。

其三，打造社区社会组织孵化平台。"三社联动"服务的具体工作还需要由社会组织来承载。包头市以社会化服务为方向，有计划、有选择地建设社会组织孵化平台。例如，在市级地区层面，建立"支持型"社会工作服务组织，搭建社会工作综合服务平台、社区社会组织培育基地、社区社工人才培训基地、"三社联动"综合专业服务项目的编织基地和供给基地；在社区层面，根据社区类型、人口状况和主要服务需求，建立不同服务重点和特色的"服务型"社会工作服务组织，成立内蒙古自治区首家由共青团自建自营的青年创新创业基地和社会组织孵化基地，集中培育形成了社区家庭服务类、精神慰藉类、老专家服务类、社区文体类、公益活动类、社区志愿类、社区治安类、社区义务教育类、社区卫生类等9大类社会组织，积极有序地引导其参与社区建设，使各类资源向社区集聚，拓展为民服务内容，提升服务技能。

其四，智慧社区网络平台逐渐成熟。基层社会治理智能化水平决定了"三社联动"的服务效率。党的十八大以来，包头市以互联网技术支撑街道社区治理体制改革工作为切入点，紧抓云计算中心建设，借助覆盖全区的电子政务网络平台、前沿技术等手段，加快智慧社区网络平台建设步伐，现已在社区治理信息化平台、智慧养老、智慧物业等方面取得重要成果。如以居民大数据为基础，陆续开发出社区治理信息化平台、"一门式"受理服务系统、民生微信公众号等，全方位开展社区公共服务综合信息平台建设工作。为居民群众与街道社区、政府部门之间搭建起一个互通互联的服务网络，有效促进了"三社联动"信息化、智能化、智慧化的水平升级，逐步实现了社区公共服务事项的一站式受理、全人群覆盖、全口径集成和全区域通办。"信息多跑路，居民少跑腿，办事一体化"的社区智慧化改革带来了最直观的为民"实惠"。

2. 聚焦"三社联动"服务领域和优势项目

针对社区中的特定人群开展特殊服务。政府在"三社联动"试点中，除了服务社区居民共性需求之外，也特别注重对特殊人群和困难人群的个性需求满足，并根据本地社区、社会组织和专业社会工作者的发展实际，聚焦"三社联动"服务对象和服务项目，拓展服务领域，凝练优势服务项目，重点在家庭社工、为老助老、青少年儿童社工、残障人士社工、志愿者培训和少数民族社工等领域提供相关专业服务，在调解社区矛盾、生活服务帮扶、民族融合、社区助老服务和青少年服务支持等方面的成效较为显著。（见表9）

表9　包头市"三社联动"重点服务对象和特色服务领域

服务领域	服务项目	具体内容
家庭社工服务	生活培训类	家庭讲座、卫生保健、义诊服务、外来务工家庭社保和子女教育类培训服务
	困难帮扶类	老年人心理咨询服务、生活困难家庭（以及失独家庭和单亲家庭）的综合辅导服务、外来劳务工家庭的综合辅导服务
	解决问题类	问题家庭治疗类服务，如婚姻关系、亲子关系、婆媳关系、邻里矛盾、老年人照护等
	社区建设类	社区文体康乐服务、社区评比、金点子大赛等活动

服务领域	服务项目	具体内容
为老助老服务	基础生活类服务	医疗保健服务、清洁洗衣服务、送餐就餐服务、购物服务、心理援助服务、法律咨询服务等
	组织类服务	锻炼康复服务、老有所为服务、健康养生等老年人课堂服务
	娱乐类服务	生活技能比赛、旅游服务、兴趣小组服务
青少年儿童社工服务	生活类服务	社交能力培养服务、学生托管服务、情绪管理服务、积极性太和学习提升服务、就业创业服务、流浪儿童救助服务
	治疗类服务	思想道德的介入服务、网络成瘾行为纠正服务、失学儿童救助服务、单亲家庭儿童心理疏导服务、青少年学习心理调适服务
	建设类服务	特长青少年培育服务、家庭亲子教育服务
残障人社工服务	生活类服务	生活技能类培训服务、就业信息服务、就医类辅助服务、社会保障类咨询服务、家属培训服务
	康复类服务	身体康复类训练服务、护理康复类训练服务
	娱乐类服务	特殊娱乐服务、外出娱乐活动
义工和志愿者培训服务	队伍自身建设	志愿服务奉献精神培训、相关法律法规培训、志愿者管理机制、志愿者职责权利和义务等讲座服务
	队伍培训工作	志愿者沟通技巧培训、志愿者素质培训
	分类义工培训服务	为老、青少年儿童、火灾救援等义工服务技能培训
妇女社工服务	个人发展类服务	困境女性公益创业支持服务、智慧父母成长计划服务培训
	社区支持类服务	妇女心理健康服务、妇女反暴力心理疏导服务
	生活服务类	少数民族居民定向帮扶服务、社区医疗服务、就业指导培训服务、语言文化教育和实用技术培训服务、法律咨询服务
	社区支持类服务	少数民族群众维权服务、少数民族流动人口管理服务

开展针对少数民族群众的特色服务项目。针对少数民族流动人口来源广、数量大、需求多样、社区聚居集中等特点，包头市率先在自治区范围内探索建立"三社联动"实训基地，通过专业社会组织购买政府公益性服务项目，不断完善市、区、街道和社区四级民族工作联动机制。加强以社区为单元的基层民族工作，在一些多民族社区建立"少数民族综合服务中心"，开展多种特色服务项目，从资金支持和政策扶持等方面，对少数民

族群众实际生活进行帮扶、困难救助、法律维权，并提供劳动就业和技能培训指导等公共服务。通过"外引内培"民族类社会组织，设计丰富的社区特色活动，定期组织少数民族居民开展民族团结主题观影会、趣味运动会、民族歌舞展演及书画摄影、声乐舞蹈、手工编织、电脑网络培训等活动，促进各族居民增进了解、加深感情、加强融合。

丰富民族地区"三社联动"服务方式。由于各民族在民族宗教文化、风俗习惯、语言交流、生计方式等方面存在较大差异，造成少数民族群众在城市社区融入难、服务管理难、矛盾纠纷调处难等问题，"三社联动"服务方式也应有适应性创新。包头市在继续深化政府购买服务、公益创投市场化运作和项目特定委托制等方式的基础上，创新出"社工＋助工＋义工"的"三工联动"服务模式，依托"一对一""手拉手""专业社工入驻社区"等具有民族特色的困难帮扶、守望互助和文娱活动等服务形式，形成了培养专业社工、社工引领助工、义工协助社工、群众参与义工的互动格局。强化社会组织协同能力，打造以"三工互动"队伍建设促"三社联动"多元治理的工作模式，以此解决少数民族群众的发展问题，发扬和保护民族文化，促进民族互嵌式社区建设。

（四）简要评价

1. 主要成效

（1）创制适应本市特点的"三社联动"政策。包头市围绕创新开展"精街道、强社区"管理体制改革和"三社联动"试点改革，先后出台了有关政府购买服务、社区组织培育发展、社会工作专业人才培养选拔使用等一系列指导社区建设、规范社区管理和支持社区发展的政策性文件，为"三社联动"的有序开展提供了法律依据，奠定了坚实的制度基础。

（2）加强基层社区党建，统领推进"三社联动"。民族地区城市社区环境特殊，民族关系较为复杂，社会矛盾问题也较为敏感，因此，加强基层社区党建工作更为重要。这不仅是为"三社联动"机制建设提供核心引领，更是加强社会稳定团结的重要保障。包头市在基层社区党建工作中，结合发展实际，着力补短板、抓重点、强核心，设置"街道党工委—社区党委（或党总支）—网格党支部—楼栋党小组"的基层党组织结构，创新出"社区党组织＋专业组织""1+4+N""1+5"党建服务工作模式，通过党建带群建，积极动员各类社会组织、群体组织和各方力量共抓基层治理，共推"三社联动"机制有效运行。

（3）从地区到社区层层推进，注重培育基层社会力量。实践来看，为使民族地区城市社区"三社联动"机制持续发力长久联动，要采取自上而下推动和自下而上参与相结合的策略。在"三社联动"试点初期，包头市认识到政府主导、民政牵头、各职能部门配合是开展"三社联动"的主要驱动力，要下功夫改变"政府在行动、社会无行动"的传统社区管理困境，通过政策保障、资金扶持、主动培育、示范带动、平台建设等途径，激发社会活力，鼓励协同参与，形成"三社联动"可持续发展的内生动力，并从地区到社区层层推进、环环相扣、循环发展。

2. 存在不足

（1）社会组织、社会工作等主体嵌入社区"大党委"程度问题。随着还权、赋能、归位的推进，基层政府基本实现行政管理与社区自治的有效衔接和良性互动，但社会组织、社会工作等本应具有现代治理"行动者"特征的多元自治主体，在嵌入社区后，是否仍拥有自我决策的独立性，是这一联动方式重点考虑的问题。此外，在实践中，该方式过于注重社会组织、社会工作、社区居民的积极参与和协商治理，而对于治理的程序尚无明确界定，特别是对联动中社区、社会组织和社会工作者三者间的权利与义务边界尚未明晰。

（2）社会组织的认可度和影响力有待提升。实践来看，该模式下的联动方式也具有较强行政化色彩，社会组织在现实中的真实认可度与影响力还有待检验。同时，考虑到部分社会组织入驻社区的时间相对较短，开展的社区服务相对有限，与社区居民接触还不够频繁，故难以在短期内获得社区居民的充分接纳和认可，更谈不上信任和依赖。现阶段，社区居民遇到困难时，依然更倾向于向社区居委会、社区派出所等传统机构求助，而不会首先求助于社会组织及社会工作者等。尽管这一现象在全国具有一定的共性，短期内难以彻底改变，但也能从另一侧面反映当下存在的问题。

（3）社会工作者解决社区事务的能力还相对不足，综合能力有待提升。社会工作作为新生事物，其实践影响力依然不甚理想。特别是一线社工大多为刚刚从校门走出的大学生。虽然他们掌握较为丰富的社会工作理论知识，但缺乏实务经验和沟通有效性不足是明显短板，难以应对纷繁复杂的社区事务，更无法真正满足社区居民的需求。在某种程度上，一些已开展的社工项目和服务较为简单、浅显，甚至成为社区居民的负担和"鸡肋"。除此之外，调研发现，社工待遇的持续偏低也是导致社工队伍稳定性不足，流失率持续走高的重要影响因素之一。

三、"枢纽创新型"联动：深圳实践

（一）深圳桃源居实践背景

如果说国家治理体系和治理能力现代化的重要支点是基层治理现代化，那么社区治理就是基层治理的重要组成部分。进入 21 世纪以来，为适应社会发展的需要，基层治理在经济社会发展和社会治理中的地位更加突出。有论者道：中国改革看深圳，深圳发展看南山。无论是经济体制改革还是社会体制创新，南山区都走在全国前列，起到先行示范作用。

桃源居社区位于深圳市宝安区西乡街道，是深圳市较大的现代商业房住宅社区之一。该社区于 1992 年由桃源居集团开发，1994 年桃源居物业入驻，1997 年首期小区建成并不断扩大、发展至今。现占地面积 1.16 平方千米，建筑面积 180 万平方米，入住 5.7 万余人。桃源居社区依山面海，环境宜人，基础设施相对齐全，建成涵盖"一个学校""两大广场""三大公园""四个功能区""五大会所"的社区公建配套设施，是一个邻里和睦、安居乐业、处处充满活力的"世外桃源"。多年来，桃源居社区因其社区治理模式创新及其在社区治理与社区服务方面的显著成效，曾被联合国授予"国际花园社区""全球理想人居社区奖""全球人居环境最佳范例社区"，被中央18部委分别授予"全国和谐社区""中国人居环境范例奖""中国绿色示范社区""中国健康试点示范社区"等奖项。

（二）主要做法及运行机制

在实践中，桃源居社区从"优化社区治理水平，提升社区服务质量"的愿景出发，通过社区基金会"引擎"这一有力抓手，推进市场化运作，充分发挥社区的基础平台作用、社区社会组织的服务载体作用、社会工作专业人才的骨干支撑作用，建立起居民群众提出需求、社区组织开发设计、社会组织竞争承接、社工团队执行实施的联动机制，推动三社"互联互通互动"、资源"共建共享共融"，更好地完善社区服务体系，健全基层社会治理体制，逐步实现政府、企业、社会二者间的跨界合作。桃源居社区"三社联动"并不是简单互动，更不是"三社"合并或叠加在一起工作，而是有机地协同联动，即"协同互动，联合运作"。桃源居社区以社区基金会为枢纽，通过理念引导机制、市场化运作机制、动力引擎机制、龙头带动机制、资金保障机制、人才支持机制等一系列制度设计，摸索出一套契合本社区实际的"三社联动"机制。

1. 理念引导机制

理念是行动的先导。桃源居社区自建立之日起，就秉持着多元主体参与式社区治理的观念，构建超越传统以社区党委、社区居委会和社区工作站为核心的社区管理模式，通过整合国家、市场和社会多方资源与优势，特别是社区党委及基层政府的政治资本优势、企业的资金资本优势、社会组织的社会资本优势、社区居民的人力资本优势，构建起一套以社区公共服务立体式供给为理念的体系，为"三社联动"的有效开展与运行机制建立奠定坚实的基础。

2. 市场化运作机制

党的十八届三中全会提出，要充分发挥市场的决定性作用。桃源居社区以社区基金会为枢纽，通过市场化的资金运作与支持机制，将社区、社会组织和社会工作者联动起来，即社会组织通过社区基金会这一枢纽，在社区平台开展、实施项目和政府购买服务，实现政企社跨界合作，且这种跨界合作体现在社区的各个层面。一方面，通过社区平台进行市场化运作，桃源居社区公益中心引入社会资源，广泛吸收企业、社会组织等利益相关者参与需求确定，增加社区资源供给，弥补社区经费紧张状况；另一方面，通过"政—企—社"跨界治理与合作，建立起社区队伍专业化服务运营机制、社会组织发展市场化培育机制、社区建设投入资本化运作机制，实现基于社区参与的社会化运营。

3. 动力引擎机制

社区基金会作为桃源居社区建设与发展的强劲引擎，在"三社联动"中发挥着枢纽型的链接作用与"发动机"功效。在社区治理中，社区基金会扮演了社区公益事业"输血者"和"风险投资者"两大角色，构建社区公益服务体系，形成社区治理模式闭环体系，依托社区基金会，推进社区治理创新，实现社区、社会组织、社会工作者"三社联动"，谱写共建共享幸福社区的新篇章。在深圳，社区基金会有明确的发展规划和未来愿景，如基金会指导社区公益中心尽快培育发展社会型企业，不仅包括物业公司，同时还回收物资再生中心等。这就意味桃源居社会型企业越多，造血干细胞就越旺，社团组织的经费来源就越有保障，更多的公益福利费用就有了来源，可更多用于服务社区特殊群体，如老人、妇女、儿童和急需救助的困难人员等。

4. 龙头带动机制

桃源居社区社会组织的内在运行方式是社区基金会捐赠社区公益中心，社区公益中心管理社区社会组织体系，社区社会组织体系参与社区治理和服务。由此可知，社区公益中心其实发挥着"龙头"带动作用，引领社区服务的方向。在社区公益中心这一强劲"龙头"带动下，桃源居社区建立了完善的社区社会组织体系。同时，该中心还通过完善社区组织制度体系建设，让每个社区社会组织服务有计划、任务有目标、岗位有分工、经费收支有预算，并建立了自我监督、绩效考评、内部自律与外部他律相结合的监督机制。

5. 资金保障机制

持续的资金支持是"三社联动"有效运转的重要保障。当前，桃源居社区已建立较为完善的社区资助体系。在这一体系中，社区基金会管资本，公益中心管资产，社会企业——物业公司管经营，其他一些社会组织则承担协助政府提供服务的任务。目前，桃源居社区的公益资产不仅能保值增值，而且每年还能为社区各个社团捐赠发展资金。由此，社区社会组织也就有"造血"能力和持续运转机制，物业公司等社会型企业与公益组织形成了良性互动的生态循环关系。例如，社区曾发生一起水管破裂事件，社区停水严重影响居民生活。经专业认定，社区水管网需要重新改造，改造费用达 70 万元。而物业管理费中并没有此项费用，且专项维修资金不能使用，自来水公司也不承接该工程。在这种情况下，为了不影响社区居民正常生活秩序，社区基金会主动捐出这笔钱投入应急的民生工程建设，适时地解决了问题。调研发现，现阶段桃源居社区的公益资本与资产已上亿元。

6. 人才支持机制

人才始终是"三社联动"有效运作的重要支撑。桃源居社区非常重视社区公益人才与专业社会工作者的培养，主要做出了五大方面努力：一是企业输送，桃源居开发商通过多重努力，将在本社区工作了 20 多年的优秀人才留在社区组织里。二是培训优秀人才，桃源居开发商通过资助公益星火项目，已累计培育了 40 多名高级公益综合人才，他们很多分布在社区各大公益组织中。三是内部发掘，通过逐层遴选，将优秀党员作为社区组织的骨干，并有意将他们安排到相关社会机构历练，使之尽快成长为社区领导型人才。四是外聘专业人才，桃源居社区通过多年实践，尝试摸索出将外聘专业的技术人员逐步转变为社工的方法，并逐渐建立了由"党工带动政工、政工带动社工、社工带动员工、员工带动义工"的"四工"联动机制。桃源居社区现有上万名义工，每年有数百名优秀义工受到表彰。五是购买服务，桃源居社区建立了社区服务中心，数名社工在此发挥作用，聚焦解决社区居民的个人及家庭问题，提供专业化、个性化定制服务，更好地促进了人际和谐和社区发展。

（三）联动特色

在实践中，桃源居社区逐渐形成"以居民群众需求为导向、以社区为平台、以十大社会组织为载体、以社会工作人才为支撑"的"三社"联动方式。社区、社区社会组织、社区社会工作者等主体互联互动、协调推进。在为社区居民提供公益服务的同时，桃源居社区还采用市场化运作方式，通过社会组织实施项目和政府购买服务，着力推进政企社跨界合作。其中，尤以社区基金会为强劲"引擎"，推动社区公益事业可持续发展。整体来看，桃源居社区中不同利益主体的协同方式，体现为社区党委、社区工作站、社区居委会、业主委员会、物业服务企业和社区社会组织六大主体负责人，以及开发商、社区党员代表、居民积极分子等共同参与的联席会议制度。

1. 社区

社区作为"三社联动"的基本场域和载体，是社区内的社区自治组织参与社区公共事务的重要参与平台。在桃源居社区，主要体现为社区党组织、社区居委会、社区工作站参与社区事务的能力。其一，"党政军民学，东西南北中，党是领导一切的"。社区党组织作为社区组织的体系核心，桃源居社区党委（下设 3 个党支部，共有党员约 120 人）积极开展各项活动，主动支持社区居委会、业主委员会以及其他社区社会组织的工作，在社区治理中始终处于领导核心地位。其二，在实践中，桃源居社区居委会既负责把政府的委托资产和定向捐赠的资本用好、管好，又为社区日后公益事业的顺利开展提供持续"造血"功能，以保障社区的持续、健康、良性发展。其三，桃源居社区工作站作为社区的公共服务机构，主要协助相关政府职能部门在社区开展各项工作，提供一系列公共服务，包括人口、文化、法律、环境、教科、民政、就业、维稳、养老、妇女儿童和离退休人员管理等。

2. 社区社会组织

多年的实践与发展，使桃源居社区创新了"以十大社会组织为载体"的"三社联动"格局，包括社区公益中心、社区基金会、老年协会、妇女邻里中心、儿童权益保障中心、志愿者服务中心、邮政代办中心、体育俱乐部、清华实验学校、社区图书馆。这十大公益组织是一个相对完善的社区公益集团，其中，大多是枢纽型社区社会组织，如社区公益中心、社区基金会等。这些枢纽型社区社会组织在社区公共事务治理中发挥着重要的桥梁作用。同时，在桃源居社区这个庞大的社区公益集团体系中，有一个强劲的"引擎"——桃源居社区基金会，还有一个公益"龙头"——桃源居社区公益事业发展中心。这是桃源居各类社区公益和社会组织遍地开花并迅速成长的关键所在。

深圳桃源居社区基金会（简称"社基会"）是在桃源居公益事业发展基金会①（简称"桃基会"）的培育下生成的，于 2012 年成立。"社基会"的资金主要来源于社区开发商的定向、持续捐赠。但这种捐赠方式有别于西方社会的社区基金会捐赠主体的多元化，以开发商定向、持续捐赠为主，其他渠道捐赠相对较少。在某种意义上讲，桃源居社区基金会是一个具有中国特色的社区公益性基金会，其成立后，主要捐赠对象为本社区的公益

① 2008 年，在民政部支持下，桃源居开发商捐资 1 亿元，经民政部批准正式注册成立了中国首个社区基金会——桃源居公益事业发展基金会。"桃基会"成立后，开发商彻底退居幕后，"桃基会"成为桃源居社区公益服务的实际推动者和资源提供者。"桃基会"的成立，不仅使开发商的企业身份和社会责任明确分开，还使社区社会组织的资助渠道更加明确、清晰和稳定。多年来，"桃基会"的捐赠足迹从深圳到重庆，再到天津、上海，每到一个城市，都推动这个城市社区人居事业的发展，每到一个社区，又在这个社区培育当地的社区基金会。从大到小，由点到面，"桃基会"共开展了 40 多个公益项目，培育了数十个社区公益组织。

事业发展中心。以 2015 年为时间节点，"社基会"积累资金 3000 余万元，并在努力试办社区健康产业养老服务、特色社区教育服务等项目，持续推进社区公益事业发展。

桃源居社区公益事业发展中心（简称"社区公益中心"），是 2006 年 7 月经深圳市民政局批准成立的全市第一家政府引导、企业主办的社区社会组织，致力于发展社区公益性和福利性事业。该中心定位更多地倾向于一种公益性的社区商业组织，带有显著的社会企业特征，即中心将所得收入全部用于社区公共服务和公益性、福利性事业的发展。特别是 2008 年"桃基会"成立后，开发商通过对社区公益中心的"三大改造"[①]，使该中心成为桃源居社区社会组织的发起者、资助者和管理者，成为社区社会组织的"孵化器"，使其具备枢纽型社区社会组织功能。其向上连着"桃基会"，获取资助；向下连着社区组织，输送血液，承担社区资源分配和优化的职责。如今，以社区公益中心为"龙头"，众多社会组织在社区治理和社区服务中承担了越来越多的任务，开发商逐渐从社区治理中淡出，但仍然通过资助社会组织的形式提供社区服务。

除了上述两大强劲有力的"引擎"和"龙头"社区组织外，桃源居社区社会组织繁荣发展还得益于其他组织的协同推进，如业主委员会、物业服务企业以及志愿者服务中心、老年协会、妇女邻里中心、儿童中心等其他八大公益组织。其中，业主委员会和物业服务企业的良好关系是"三社联动"的重要影响变量之一。如果说社区居委会代表"自上而下"的行政力量，那么业主委员会和物业服务企业则代表"自下而上"的自治力量。在某种意义上，社区居委会、业主委员会和物业服务企业作为现代城市社区的

---

① "三大改造"包括：一是通过捐赠协议，开发商把社区公益中心打造成桃源居社区各类社区社会组织的"枢纽"平台；二是深圳地方政府和开发商为社区公益中心注入大量资产，完成社区资本的创建工作，保证社区公益中心的造血机制；三是 2010 年，为整合社区资源、确保社区治理成效，社区公益中心再次向"桃基会"申请 666 万元资金收购桃源居物业服务企业，并在深圳市民政局请示民政部认可批准后，成功完成了项目收购，逐将原来的私有外资企业改制成全国第一家社会企业型物业服务公司。

"三驾马车"，是现代城市社区治理中日益重要的参与力量。但是，业主委员会在不完全契约形态下的运作以及社区居委会对物业管理的介入，对社区治理结构的形态产生直接的影响。这种直接影响，在某种程度上严重制约着"三社联动"的实效。在实践中，桃源居社区业主委员会不仅广泛收集社区民意，积极参与社区治理，而且发挥着居民动员、组织与宣传教育等方面的重要作用。与此同时，桃源居社区物业服务企业，则很早就完成了从纯商业物业企业向社会企业的转化。这样，基于提升社区服务质量的共同目标，优化社区治理绩效，桃源居社区居委会、业主委员会和物业服务企业三者互联互动，协同推进，有力地促进了"三社联动"的顺利实施与运转。

3. 社区社会工作者

社区社会工作者作为现代社区建设、发展与治理的重要组成部分，是现代社区工作的重要主体，其不仅直接服务于社区民众，而且担负着动员群众、组织群众、引导群众开展社区服务和管理、促进社区和谐的重任。实践中，桃源居社区非常重视社工的培育与发展，特别是专业社工的能力建设。值得注意的是，在现代社会中，社区承载的社会功能越来越多，仅仅依靠社工自身的能力与资源已经很难满足社区居民日益多样化的需求。因此，社工在社区服务工作中所扮演的角色逐步从以往的服务提供者向统筹者、协助者、资源整合者和陪伴者转变。

此外，除了社区自治组织、社区社会组织、社区社会工作者之外，社区"三社联动"的有效运转还需要其他主体的协作与联动，而社区基金会则在这些多元主体中起到了中枢性的链接功效。其主要涉及三个方面：一是链接社会资源，如企业、专业团队、专业社工机构等，搭建开放性综合服务平台，特别是链接社会的专业机构，以市场化方式运作，用专业人才做专业的事，为社区居民提供个性化、专业化的社区服务；二是链接场地资源，除政府提供的各种场地外，还通过专项基金等方式动员社区单位提供场地，灵活调剂场地资源，以供不同人群使用，实现场地使用效率最大化；三是链接人才资源，培育社区草根组织和社工队伍，引导社区群众性自助与互助服务。

以深圳南山区为例，面对实际管理人口规模不断扩大、社区管理任务繁重、管理人员严重不足的情况，在和谐社会示范区建设的过程中，南山区创造性地探索出"一核多元"的社区治理模式，为全国基层社会治理提供了具有示范意义的成功经验。"一核"即"一个领导核心"——以社区内党组织为领导核心，"多元"即"多元主体共治"，主要包括居民委员会、社区工作站、社区党群服务中心、社会自治组织、物业管理公司、驻区单位等社会主体。多元治理主体的重要职责是：居委会负责社区自治事务，社区工作站承接政府行政管理事务，社区党群服务中心承担社区公共服务，各类社区组织、物业管理公司、驻区单位等多元主体共同参与社区治理。[①]深圳市"一核多元"社区治理模式，通过政府有序治理、社会自我管理、居民民主自治的多元治理架构，形成了定位清晰、各司其职、功能互补、共治共享的多元治理结构。（见图10）

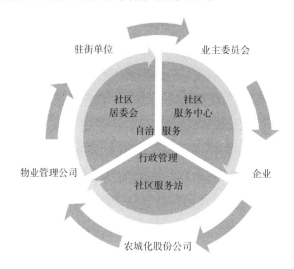

图10　深圳市社区多元治理架构

---

① 刘敏，王芳.一核多元社区治理模式考察 [N]. 开放导报，2014-10-08.

社区党组织，作为社区各类组织和各项工作的领导核心，是有效动员和发挥各项作用的关键。一是发挥了政治领导功能。体现在对基层重大事项进行最终决策上，如社区规划、社区规章、社区事业等；体现在对各类组织的统筹、协调上，打破封闭、多元各自为政的状态，实现体制内外的资源整合、党员与居民作用的共同发挥；体现在对自治组织开展自治活动的引导上，推进居民民主参与、民主决策、民主监督和民主评议，使基层民主自治有序开展。二是发挥了利益协调功能。面对经济社会转型时期出现的下岗失业、贫富分化、阶层分化和城乡二元结构等问题，基层党组织能够充分调动政治的、经济的、文化的各种手段，使不同的利益诉求得到合理的表达，[①] 通过整合资源，多元共治，使各种矛盾和问题得到合理解决，从而促进社会持续稳定和谐发展。三是发挥了服务凝聚功能。市场经济条件下，执政党的凝聚力、吸引力和感召力来自为群众提供看得见、摸得着的物质和精神财富，这是执政党赢得民心的基础性工作。南山区在基层治理中，强力推动"携手共建和谐社区十百千万行动"，树立推广十类社区组织典型，并对其进行宣传推广；号召百名党员和公职人员竞选居民委员会和业主委员会委员，服务社区群众；动员上千名党员和公职人员竞选楼栋长；发展上万名义工。要求党员回到居住地登记、亮身份、树形象、起作用，引领社会风尚。开展"携手共建和谐社区十百千万行动"以来，南山共有3万多名党员回到了居住地社区登记，9420人次参选担任居委会和业委会委员，1.6万余人次担任楼栋长，全区义工达13万人。各大赛事组建了近百万名志愿者参加运动会的辅助工作，每年为南山居民办实事好事超过50万件次，广大党员、公职人员参与社区治理多了一个平台，为居民服务多了一条渠道和一种形式。四是发挥资源整合功能。通过区域统筹，打破原来的系统、行业职能界限，积极运作社区存量资源，探索建立区域内跨系统、跨行业的组织网格，将体制内的组织资源嵌入体制外的

---

① 马兆明，刘秀华．社区党组织在社区治理中的功能定位 [J]．山东社会科学，2006（7）．

社区，代表民意、整合利益、引领社会。以社区共同需求、共同利益、共同目标为纽带，充分发挥"三社"对激活、配置、优化社会资源的积极性，进一步挖掘和盘活社会性、区域性公共资源和多元主体拥有的资源，形成组织资源与社会资源的良性互动，放大资源存量和增量，形成资源共享。五是发挥文化导向功能。南山作为中国改革开放的前沿地带，社区居民来自五湖四海，源自不同阶层，具有不同文化背景。在基层治理中，基层党组织要通过加强社会主义核心价值观教育，倡导科学健康的生活方式，培养社区治理主体的社会责任意识、公益意识、互助意识、奉献意识和参与社会事务的意识，[①]从而把社区建设成为一个弥合阶层分化、促进人人平等的生活空间；成为解决纠纷，促进社会矛盾有序化解的整合空间；成为弘扬传统文化，促进现代文明形成的文化空间。南山区在构建社会建设标准体系中，明确提出以邻里和睦为内核，以文明风尚为载体的社区文化体系建设。

深圳"一核多元"社区治理模式，在扩大基层民主、推进基层工作机制创新等方面取得新突破，有效提高社会治理科学化水平，形成完善的社区公共服务体系；社区党委领导核心作用得到充分地发挥，党员队伍增强了生机活力；社区各种资源得到整合，营造了社区"多元共驻共治共享"的和谐氛围。

（四）典型案例：深圳市光明新区基金会

2014年，深圳市光明新区试点成立了5家社区基金会，2015年8月成立了区级社区基金会，共筹集资金近3000万元，组织、吸引各类主体参与社区公益事业近3万人次，为辖区企业、社会组织和居民群众参与社区治理，打造新平台助推社区治理创新。

1. 主要做法

一是建立多元包容的理事会治理结构。社区基金会理事会由5至11

---

① 刘冰. 精准化服务 精细化治理——探索"全响应"网格化社会治理新模式 [J]. 社会治理，2016（5）.

人组成，坚持去行政化、政府公职人员不参与的原则，成员由主要捐赠人、发起人、居民代表召开推荐会议协商产生，同时吸纳专家学者、律师、记者等专业人士加入。社区党组织在这里发挥领导核心作用，社区居民委员会组织居民议事会进行项目评议决策，由社区居民委员会主任担任社区基金会监事。光明新区还为每个社区基金会聘请了1名专业社工担任专职副秘书长，保障试点规范运作。

二是筹集广泛多样的社会公益资源。2014年，5家社区基金会共募集原始基金1470万元，项目资金近500万元。除了接受资金捐赠，社区基金会还接受人力、场地、服务等各种资源的捐赠；除了整合社会、企业捐赠资金，社区基金会还通过接受政府直接捐赠、承接政府部门职能转移等方式，整合政府各部门资源，从而实现资源在社区层面的统筹使用。

三是完善阳光透明的内部运行机制。光明新区根据现行《基金会管理条例》制定了《社区基金会培育发展工作暂行办法》，确保社区基金会操作程序在国家相关法律法规框架下运行，还指导5家社区基金会结合社区治理实际需求，制定了《社区基金会财务管理制度》等7个制度文件，建立了理事会依据章程治理，银行第三方托管等5项机制。社区基金会实行项目化运作，项目实施须经过"广泛收集项目建立项目库—基金会秘书处初选—征求社区综合党委意见—居民议事会审议—理事会决策—社会组织实施—第三方评估"等流程，并全程通过"社区家园网"等网络平台公示，接受公众监督。在资金募集、项目运作、资金监管、第三方评估、捐赠人服务等方面，初步形成了制度体系。

四是开展多方参与的公益服务项目。结合社区需求，5家社区基金会主要通过项目支持的方式，支持社会组织、专业社会工作服务机构实施公益项目40余个，服务社区群众2万多人。社区基金会在项目实施过程中，突出对社区居民公益意识和公益习惯的培养，5个试点的社区，志愿者由400人发展到3000余人。如凤凰社区基金会，主推"金色朝阳"项目，玉律社区基金会主推"来了就是玉律人"社区共融项目，新羌社区基金会主推"长者生日会"项目，圳美社区基金会主推"外来建设者心理减压，婚恋辅导"项目，白花社区基金会主推社区教育项目，这些项目已经成为社区的服务品牌。

五是提供专业有力的智力资金支持。建立专家智囊团，与有关高等教育机构的专家学者建立长期合作研究机制，通过举办专题专项研讨会、实地指导等方式，为试点社区基金会提供专业化的智力支持。与有关高校建立五年战略合作关系，在社区基金会和社区治理的战略规划咨询、重大创新平台建设和成果转化、人才交流培养等方面开展深入合作。此外，每年度组织社区基金会骨干人员赴高校培训、交流和学习，争取政府专项发展资金扶持，每年安排百万元资金，专项用于培育发展社区基金会。

六是拓展渠道打造试点工作新品牌。为了将社区基金会试点的有益经验和做法推广到新区其他社区，光明新区成立了区级社区基金会和企业冠名基金，进一步整合本地慈善资源，丰富社区基金会服务功能，推行品牌化经营。区级社区基金会由华星光电、华强文化等深圳知名企业牵头，街道办事处、社区组织和社会各界协助参与，注册资金为800万元。作为全国首个区级社区基金会，光明社区塘金会将分散于全区社区居民和企业中的公益资源，进行合理化整合，为其他社区基金会提供人力、资源和技术支持，为暂时还不够条件成立社区基金会的社区，设立冠名基金。现已设立了华星光电塘尾社区基金、华强文化教育基金、越众侨史基金3个冠名基金。

2. 主要成效

（1）打造承接政府服务职能转移的新载体。社区基金会可以承接政府转移的社区服务职能，加快政府职能转移。新区已经梳理可交由社区基金会承接的就业帮扶、扶老助残等社会职能38项。

（2）搭建"三社联动"助力社区治理创新的平台。社区基金会通过资助社会组织，专业社会工作服务机构开展社区公益服务项目，发展社区社会组织，同时也为社区社会组织、社会工作者参与社区治理搭建了有效平台，为"三社联动"机制运行提供良好空间。社区基金会成立以来，交由社会组织和专业社工服务机构实施的社区服务项目达 40 余个，参与服务的社会工作者达到 185 人。

（3）激发社区多方主体参与社区治理的活力。社区基金会有效整合各类社会资源，广泛动员社区居民以慈善公益，自建、互助的方式解决社区问题，在项目运作中，充分发扬民主、广泛协商，为驻区企业、驻会组织和居民参与治理开拓了新路径，焕发自治活力。如玉律社区基金会"社区共融"项目、新羌社区基金会"关爱老人——长者生日会"项目，均吸纳多家驻区企业共同参与。

（4）实现"精准"回应社区居民个性化需求的目标。社区基金会根植于社区，接地气、响应快，对居民个性化的服务需求和社区突出问题予以"精准"回应与解决，弥补了政府普惠、漫灌式服务的短板。如凤凰、新羌、圳美社区基金会针对社区归侨家庭教育问题，委托专业社会工作服务机构实施的"金色朝阳"项目，已有 40 多户侨民家庭受益。

（5）探索社区公益慈善和社会保障的新渠道。社区基金会满足社区困难群体福利需求，成为社会保障体系在社区的重要补充，社区基金会已设立了针对辖区困难群体的近百万元资助资金，惠及百余名社区困难居民。同时，社区基金会将善款使用自主权交由捐赠人，让社区居民切身感受善举的回馈，培育社区居民的慈善精神，营造社区的慈善文化。新区社区基金会成立后，用于本地的慈善资源比例由原来的 13.8% 提升到了 39%。

3. 案例小结

社区基金会是整合社会资源和扩大居民参与的一个重要平台。《中共中央 国务院关于加强和完善城乡社区治理的意见》鼓励通过设立社区基金会等方式，引导社会资金投向城乡社区治理领域，深圳市光明新区积极探索社区基金会建设，筹集社会资金，发展公益事业，增强社区居民参与社区治理的内在动力，取得了初步成效，积累了可资借鉴的经验。（1）拓展了参与社区治理的力量。健全理事会治理结构，坚持去行政化、政府公职人员不参与原则；完善内部运行机制，制定《社区基金会培育发展工作暂行办法》，依法规范社区基金会操作程序；建立专家智囊团，为社区基金会提供智力支持。（2）积累了参与社区治理的实践经验。社区基金会筹集社会资源，接受资金捐赠，接受人力、场地、服务等各种资源，从而实现资源在社区层面的统筹使用；结合社区需求，开展公益服务，通过项目方式，支持社会组织、专业社会工作服务机构开发公益项目，服务社区居民，突出对社区居民的公益意识和公益习惯培养；打造工作品牌，成立区级社区基金会和企业冠名基金，进一步整合本地慈善资源，丰富社区基金会业务功能，推行品牌化经营。（3）发挥参与社区治理的独特作用。推动政府职能转移，梳理可交由社区基金会承接的就业帮扶，敬老助残等社会职能38项；激发社会参与活力，通过资助社区公共服务项目，扶持了社会组织发展，广泛动员社区居民以慈善、公益、自治、互助等方式解决具体问题；精准回应居民群众需求，在政府提供标准化、基本公共服务基础上，走出了一条满足多元化、个性化社区服务的新路子。这些做法和经验都值得其他地区深度学习、深入研究并吸收借鉴。

（五）简要评价

1. 主要成效

深圳桃源居社区首创以社区为平台、以十大社会组织为载体、以社会工作者人才为支撑的社区治理创新模式，使三者协调联动，尤其以社区基金会为强劲引擎，推动社区公益服务。

（1）注重多元协同，实现各方跨界合作治理。从"国家—市场—社会"的分析视角出发，借鉴未来国际型社区发展，寻求政府、企业、社会等各方跨界治理、协同参与。自桃源居社区创立以来，就非常重视多元主体的协同治理，政府、社区、物业、公益组织、开发商、业主代表等积极参与"三社联动"建设，共同解决各种社区公共事务和社区问题，实现政府、企业、社会组织跨界合作，并体现在诸多领域和层面。在某种程度上，创新社区治理模式，要解决的根本问题是找到城市基层政权建设和社区民主自治的最佳结合点。桃源居社区通过改变传统社区管理的模式，使政府职能不断优化，向下放权、间接管理、宏观指导，注重依靠法治和政策的力量，指引社会力量参与基层治理，完善社区居民自治功能，从而促使基层社会治理日益法治化、规范化。

（2）各类社区社会化组织数量众多，发展繁荣、活力迸发。桃源居社区持续培育、孵化各类社区社会组织，形成三大社区组织体系与十大公益性社区组织，各种社区社会组织数量众多。调研发现，针对桃源居社区的社会公益组织发展状况，街道党工委围绕社区居民的基本民生来设计和开展，突出体现社区公益组织的公益性。桃源居社区十大公益组织是一个庞大的体系，不仅需要有爱心、有热情，更需要专业的知识和专业的人才来运作。此外，在这一联动过程中，企业的积极性也得到了充分调动。特别是通过组织动员，调动社会上有能力的企业参与到社区治理中来，依靠企业实力合理地配置社会资源，逐步完善社区治理功能、满足人们生活更加幸福的目标。既实现政府、企业、居民"三方共赢"，也解决了过去遇到的许多难题，企业在参与社区建设的同时，还得到了丰厚的回报，获得了经济效益和社会效益"双丰收"。

（3）因地制宜，社区居民幸福指数高。结合中国国情，桃源居社区创造性地将国外社区基金会的先进经验用于"三社联动"中，并持续规范，尤其是在分事、分岗、分级授权等各方面。与此同时，桃源居社区也充分发挥党组织在社区治理中的关键作用。特别是在维护社区公共利益、推动居民表达合理诉求、寻找多种渠道发展社区等方面，社区党委发挥着无可比拟的优势。桃源居社区还十分关注社区居民的切身感受和需求，社区居民幸福指数高。例如，针对社区养老，桃源居社区根据不同类型老人的不同需求，建立了一套"以居家养老为主、社区养老为辅"的养老模式。即以家庭养老为核心、以养老服务网络为支撑、以各类养老服务设施为载体、以形式多样的可持续发展的社区养老服务体系为依托，满足了不同类型老年人的个性化需求，夯实社区社会化养老服务的基础。

2. 存在不足

（1）可复制问题。在桃源居社区建设中，开发商用于承担企业社会责任，无疑是桃源居社区治理和发展模式创新得以实现的关键因素。但是这一模式是否具有代表性，是否可复制到其他地区，有待商榷。同理，在此背景下的"三社联动"，其可复制、可推广问题也有待检验。其实，桃源居社区治理的建立基层比较特殊，它从根本上说是以市场为主导，属于特殊环境下产生的一种模式。由于全国其他社区绝大多数并不具备这一条件，所以现实推广难度较大。首先，桃源居社区的建立依靠的是桃源居集团，社区管委会与集团领导班子是同一批人，物业也是集团提供的，建立的社区体系独具一格。其次，目前国内还十分缺乏类似于桃源居集团这样有实力、有担当的大开发商，大部分开发商参与社区治理的积极性不高。最后，开发商对社区是否可以长期付出，这些问题都值得其再思量，未来桃源居社区走向如何，也有待进一步观察。

（2）社区基金会捐赠具有选择性。桃源居社区得以成功，很大原因是"桃基金"和"社基金"的持续、定向捐赠。然而，其他社区没有这样的雄厚资金支撑，就没有资金源，能否通过多元化捐赠来实现，而这种多元化捐赠的持续性问题又如何保障。这些问题能否得到有效解决，也有待进一步商榷。

（3）社区居民的参与度问题。社区居民幸福指数很高，并非意味着社区参与度一定高。社区居民参与度应当从广度和深度两个维度来衡量。与其他地区相比，其社区居民参与度很高，即广度有了，但参与深度和效度有待观察。如桃源居社区居民代表虽可以列席"六方会议"，[①] 但他们只有建议权，没有决策权，参与深度有待挖掘。

（4）社区社会组织对企业资源的依赖性问题。不同于其他地区，桃源

---

① "六方会议"，是桃源居社区在实践中探索出的一套多元主体参与处理重大和日常事务的协调机制，包括社区党委、社区工作站、社区居委会、社区公益事业发展中心、社区物业公司、社区业主委员会等六方主体。

居社区社会组织的自主性存在很大问题，是对社区基金会的依赖度过高。桃源居开发商通过基金会的方式为社区社会组织"输血"，这虽有助于其快速成长，但也造成了其对开发商的过度依赖。如何摆脱社区社会组织对开发商的依赖，增强其自主性与独立性，则是未来发展中亟待解决的问题。另外，由于桃源居社区的主要投资者和建设者是集团企业，所以集团威望高，其他主体相对弱势，社区内部没有形成一种行之有效的制约机制。因此，企业在角色定位上存在一定的问题，易造成管理的缺位、错位和越位。

（5）社工队伍的专业化及人才流失问题。尽管桃源居社区社工队伍的整体素质相对较高，但与国际专业社工相比，还存在一定的差距，特别是社工服务理念方面，还存在一定偏差。此外，人才流失也是大问题。

简而言之，桃源居社区治理创新模式及其颇具特色的"三社联动"实践，建立起了政企社多向合作机制，实现政企社三方共赢，形成了一种理想的治理模式。虽有争议，但已凸显强大生命力，产生了较大的社会影响，是日后社区治理可资借鉴的有效实施方案之一。

四、"需求导向型"联动：大庆实践

（一）大庆实践背景

当前，在社会主要矛盾发生变化的形势下，经济欠发达地区和基层社会治理必然出现新风险、新矛盾和新问题，城市社区治理也应开辟新思路、新模式和新机制。而"三社联动"正是对新时代加强和创新基层社会治理的一种回应。作为世界著名的石油城市和一座新兴的现代工业城市，经过数十年的开发建设，大庆市经济社会发生了巨大变化，经济实力显著增强，城市品质持续提升，人民生活富足安康，社会保持和谐稳定。

大庆市地处中国东北地区，是黑龙江省辖地级市、Ⅱ型大城市，是黑龙江西部重要的区域性中心城市，是中国服务外包示范城市、全国首批安全发展示范城市试点城市。2018 年 11 月，入选中国城市全面小康指数前 100 名；2019 年 6 月，成为"枫桥经验"全国推广试点城市；2022 年 5 月，成为全国市域社会治理现代化示范城市。截至 2022 年底，现辖 5 区 4 县、1 个国家级高新技术产业开发区、1 个国家级经济技术开发区，占地面积 2.1 万平方公里，市区 5105 平方公里。

除此之外，大庆还有以下几方面的鲜明特点：一是地理位置相对优越。大庆市位于松辽盆地北部，是哈长城市群区域中心城市，自 1959 年发现油田以来，始终与改革开放的脉动同频共振，也是东北地区最具发展活力的优势地区之一，经济发展基础、条件和前景在东北地区城市中相对较好。二是中国新兴的工业城市。作为典型的老工业基地资源型城市，大庆因油而生、因油而兴，是世界能源城市伙伴组织 19 个会员城市之一，其产业基础长期以工业为主导，规上工业增加值占全省近"半壁江山"。截至 2021 年，全市城镇居民人均可支配收入 45876 元，农村居民人均可支配收入 20424 元；每百户居民私家车保有量 64.7 台。三是城镇化率相对较高。截至 2022 年底，常住人口 278 万，占全省常住人口的比重为 8.9%，户籍人口数量达到 271.8 万人，常住人口总量位居全省第 4 位。全市城镇人口 143.1 万，常住人口城镇化率 72.5%，户籍人口城镇化率 52.8%。四是富裕和谐的幸福城市。2018 年入选新时代中国全面建成小康社会优秀城市，2020 年位列全国小康城市 100 强第 73 位、跻身中国百强城市排行榜第 75 位。国家级高新技术企业 405 家，各类市场主体发展到 26.3 万户。营商环境指数位列东北地区第 4 位、地级城市第 1 位，高新区成为东北地区唯一荣膺"中国十佳优质营商环境产业园区"的园区。城镇调查失业率、登记失业率分别为 5.2% 和 3.02%，城市低保实现"十七连增"，入围"2021 中国最具幸福感"候选城市第 60 位。五是移民文化积淀深厚。大庆市是一座典型的移民城市，从古至今经历几次大规模人口迁徙。特别是新中国成立后，全国大部分地区的军转人员、科技人才和劳动者来到大庆支援建设，外来人口数量激增，以山东人、河北人居多。同时，也带来了不同的文化元素，并在这里交融，代代传承。

近年来，大庆市立足于资源型城市转型发展的实际，聚焦影响国家安全、社会安定、人民安康的实际问题，以提升人民群众获得感、幸福感、安全感为目标，不断推进市域社会治理现代化。积极探索社区、社会组织和社工之间的互联互通，注重以社区为平台、以社会组织为有效载体、以专业社工为核心，聚焦社区居民实际需求，通过建立多方联系制度、协商沟通平台、网络信息联通机制等，夯实"三社联动"的制度保障。同时，还注重基层社会治理机制创新，引入社会力量、带动行业协会、建成调解员队伍、发挥企业作用等多种方式，使群众进京、到省、来市上访呈现"三下降"态势，年均降幅下降、人次下降、降幅下降，群众安全感和满意度分别达到 96.7% 和 95.8%。

（二）主要做法及运行机制

大庆市于 2016 年率先在全省启动"三社联动"机制助老服务实验工作，社区、社会组织和社工为积极推进社区居家养老服务创新各尽其能，发挥自身优势，联动发展。省委下发《关于完善社会服务体系提升社会治理水平 实施社区、社会组织、社会工作"三社联动"的意见》，省民政厅印发了《黑龙江省"三社联动"社区居家养老试点方案的通知》，大庆市迅速启动，狠抓落实，积极引导社工、社会组织与社区结合，推动社工与社会组织更好地利用社区平台，开展为民服务。

1. 科学谋划，确立"三社联动"领导机构与工作机制。市级层面，大庆市委、市政府高度重视实施"三社联动"推进社区居家养老服务工作，在全市民政工作会议上，主管市长提出了具体意见。按照市领导要求，市民政局先后两次召开专门会议进行研究，并成立了以局长任组长，主管局长任副组长，社区办、社工科、政权科、民管科、事务科科长和各县区民政局局长为成员的领导小组，统筹协调全市实施"三社联动"推进社区居家养老服务工作。把城乡社区基础设施建设，搭建社区服务平台；培育、孵化、发展社区社会组织，承接社区居家养老服务；指导社工机构利用专业方法，引领居家养老服务工作开展；指导社区建立标准化老年人日间照料场所和养老服务人员的培训等各项职责落实到相关科室。大庆各县区民政局负责指导区域内城乡社区工作开展；各城乡社区负责具体落实，确保实施"三社联动"推进社区居家养老服务工作有序进行。区级层面，大庆市依托社会治理体制改革取得的有益成果，建成了社区、社会组织和社工的协同创新机制。以项目制为载体，针对具体需求提出工作方案，借由社区平台向政府申报，政府邀请专家进行专业评估进而审批，项目成立后由机构开展服务介入。此时，社区和社会组织做好相应辅助工作。此外还组建了社会组织孵化中心，加强各组织的交流与沟通，旨在提升社会组织自身能力，孵化一批社区社会组织，实现项目落地和承接工作。社区层面，在强化社区建设、加强社区文化建设和形成社区共同体意识的过程中，积极培养本土化社会工作专业人才，孵化和培育接地气的草根社会组织。在社会组织和社会工作开展项目实际情况中，进行及时总结和报告，完善社区服务细节，更好助力"三社联动"发展。

通过明确"三社联动"思路，深化部署安排，明确了各主体角色定位及其与政府之间的联动关系，明确了社区居民需求的核心地位，以社区居民养老实际需求需要为出发点，面向基层和社区，推动社区、社会组织和社工资源共享、优势互补，更好地实现各方面相互促进、有机联动，形成政府主导与社会参与相结合、政府行政功能与社会自治功能互补、政府管理力量与社会调解力量互动的基层社会治理新格局。

2. 紧贴实际，确定"三社联动"创新实验点。通过项目的实施，将社区多元化治理的服务需求转化为具体项目实施，加快"三社联动"发展进程。项目实施以老年人为重点帮扶对象，对其进行详细的需求调查，设计合适的服务项目，综合运用各种专业方法为老年群体提供服务。大庆市民政局专项领导小组对部分县区、社区进行实地调研。在全面掌握我市居家养老服务工作的基础上，下发了《关于做好大庆市首批居家养老服务创新实验点申报工作的通知》，全市 71 个社区工作站、居（村）委会进行申报，对申报的项目我们坚持按照三个方面的原则进行筛选、审核。第一，老年人口比重较大，服务需求较明显；第二，居家养老服务基础较扎实，工作开展较早；第三，为老服务社会组织和志愿团队较多，社会工作基础较好。最终确定首批实施"三社联动"推进社区居家养老服务工作创新实验点 24 个（社区工作站 16 个、居委会 5 个、村委会 3 个），为引领和推动我市社区居家养老服务工作全面开展，奠定了良好基础。

3. 精细部署，明确"三社联动"任务目标。按照黑龙江省民政厅的总体部署，大庆制发了《〈关于实施"三社联动"推进社区居家养老服务创新实验工作方案〉的通知》，明确了指导思想、基本原则、主要任务、实施步骤等内容，提出"十有"目标，即有 1 套完善的居家养老服务机制、有 1 个标准化老年人日间照料中心（室）、有 1 名专职社工从事居家养老服务工作、有 3 个以上直接参与居家养老服务的社区社会组织、有 1 个信息化居家养老服务平台、有若干支为老服务志愿者队伍、有 1 个完善的养老服务需求数据库、有 1 个社会组织孵化基地、有 1 个为老服务的慈善超市、有一个让社区老年人看得见、摸得着、享受得到的良好服务效果。争取年底前，每个创新实验点都能形成一套实用、科学、有效的社区居家养老服务新模式。

表 10 大庆市首批实施"三社联动"推进社区居家养老服务创新实验点

市县区	单位名称	单位性质	项目名称
萨尔图区	富强社区工作站	城市社区工作站	富强社区居家养老服务创新项目
	东安社区工作站	城市社区工作站	东安社区夕阳关爱项目
	拥军社区绿洲居委会	城市居委会	拥军社区居委会居家养老服务创新项目
	东风社区工作站	城市社区工作站	东风社区居家养老服务创新项目
让胡路区	乘风社区工作站	城市社区工作站	乘风社区智能养老项目
	西宾社区工作站	城市社区工作站	西宾社区情系夕阳为老项目
	怡园社区工作站	城市社区工作站	怡园社区智能化养老项目

续表

市县区	单位名称	单位性质	项目名称
龙凤区	东光社区东光居委会	城市居委会	东光居委会居家养老服务中心项目
	龙凤社区工作站	城市社区工作站	龙凤社区吉祥居家养老服务项目
	龙凤社区实地福苑居委会	城市居委会	龙凤社区湿地福苑居委会居家养老服务创新项目
	龙凤镇前进村委会	农村村委会	龙凤镇前进村委会居家养老服务创新项目
红岗区	银河社区工作站	城市社区工作站	银河社区居家养老服务创新项目
	八百垧社区工作站铁人居委会	城市居委会	八百垧社区铁人居委会居家养老服务创新项目
	宏伟社区工作站温馨居委会	城市居委会	宏伟社区温馨居委会居家养老服务创新项目
	晨曦社区工作站	城市社区工作站	晨曦社区居家养老服务创新项目
	杏南社区工作站	城市社区工作站	杏南社区点点社区爱、片片夕阳红项目
大同区	八井子乡民强村委会	农村村委会	八井子乡民强村委会居家养老服务创新项目
	同福社区工作站	城市社区工作站	同福社区空巢老人照料服务项目
	庆荷社区工作站	城市社区工作站	庆荷社区改建老年人日间照料中心项目
	林源社区工作站	城市社区工作站	林源社区居家养老服务创新项目
高新区	五湖社区工作站	城市社区工作站	五湖社区居家养老服务创新项目
肇州县	民主社区工作站	城市社区工作站	民主社区居家养老服务创新项目
	丰乐镇生活村生活社区	农村村委会	丰乐镇生活村生活社区居家养老服务创新项目
大庆市民政局	让胡路区民政局	区民政局	民政局居家养老服务创新项目
	大庆市第二福利院	市民政局所属养老机构	大庆市第二福利院居家养老服务创新项目

4.积极探索，创新"三社联动"多元服务项目。大庆市专项领导小组对五区和高新区创新实验点，进行针对性检查指导。自实践以来，邀请市社会工作者协会深入部分创新实验点，实际帮助解决难题。一年来各创新实验点现已初步形成了自己的特点，让胡路区乘风社区创新实验点和哈

医大大庆校区深度整合，通过大庆市家邦养老服务有限公司打造了信息化"智慧养老"项目；怡园社区创新实验点除公共服务和综合管理工作外，其他事项如居家养老服务等均由社区社会组织承接。萨尔图绿洲居委会创新实验点组建了12个社区社会组织，通过"大互助"模式，开展居家养老服务；红岗区银河社区创新实验点通过地企共建，引入企业为居家老年人开展了按摩、理发等。大同区同福社区创新实验点，通过志达社工事务所采取个案和小组的方法，为200多名居家老年人提供了心理慰藉、家庭保洁、代购和志愿服务等。（见表10）

5.服务全省，召开"三社联动"助老服务现场会。大庆市实施"三社联动"推进社区居家养老服务创新实验工作提炼概括出三点经验：一是坚持需求导向，认真调查老年人的各种需求，有针对性开展居家养老服务工作；二是调动社区的各种资源和要素，使社会组织、企业、社工等入驻社区共同推动了居家养老服务发展；三是选择有品质的服务产品和有效的服务供给，为老年人提供优质服务。此外，在省级福彩公益金使用和管理上，大庆市民政局两次召开县区主管局长会议，强调加强资金监管，合理合规使用。萨尔图区东风社区利用福彩公益金，对老年人餐厅进行了扶持；大同区庆葡社区对老年人活动场所进行了扶持；等等。

（三）联动特色

大庆市以社区为平台、以社会组织为载体、以社会工作为支撑、以志愿者为补充，把提升社区公共服务水平作为基层社会治理工作创新点、发力点，统筹协调、整体运作社区建设、社会组织和社会工作，鼓励社区扩大居民自治，共建"三社联动"。

1.以阵地建设为载体，突出"三社联动"专业支撑。围绕着"有数量充足、结构合理、素质优良、方法专业的社区社会工作者和社区志愿者队伍"愿景，建立了专业社工引领的支撑平台，发挥专业社工的主体性，在提供专业性服务的同时，培育社区义工和志愿者，提供专业性指导。其一，社工机构载体。通过积极培育、降低门槛、重点扶持，对心桥社工服务中心、铸成社工服务中心等 20 个成熟的社工机构进行了登记，另有 35 个正在孵化中，待出壳。这些组织的组建已经成为社工人才聚集、项目设计与实施、经验交流与讨论的重要载体。其二，社区服务载体。目前，大庆市建成 2000 平方米以上社区服务综合体 75 个，社工服务在新社区中已成为与公共、便利、公益、行政服务同等重要的五大服务内容之一，服务综合体内建立了社会组织孵化基地，社工机构可直接落户社区，社区服务综合体已成为社工机构开展需求调查、专业服务、资源整合的重要载体。其三，市校合作载体。依托东北石油大学和八一农垦大学等在庆高校，在全省率先成立了社工协会，吸纳团体会员 102 个，个人会员 1500 余人。协会制定了章程，完善行业规范；承接政府转移职能和委托事宜，对社工机构进行等级评估；通过市社工协会，组织全市社会工作理论与实务研讨报告会，共评选出优秀论文 42 篇。大庆市社工协会的建立已成为全市社工服务行业管理、标准制定、成果转换的重要载体。此外，与大庆广播电视大学合作举办社工师资格考前培训班，培养专业社工，以此促进带动相关组织的发展。几年来，备案志愿服务组织达 153 个，社区备案志愿团队 1415 支，志愿者超过 12 万人。让胡路区爱心大姐工作室由原来的 5 人发展到 560 人，服务点达到 72 个，覆盖全市，开展了心理疏导等服务，有 1 万多名居民受益。

2. 以民生需求为导向，强化"三社联动"项目落地。主动生成一批项目：通过报刊、网络、电视等向社会征集社工服务项目 375 个，经筛选、评估，确立扶老类、济困类、救孤类、社会工作支持与发展类社工服务项目 4 大类 115 个。几年来，市区两级财政投入 170 万元向 7 个社工机构购买了扶老、救孤、助残等服务，累计服务 2000 多人次。积极落地一批项目：为做好机构和项目的对接，使成熟的项目得到落地，依托社区设立"社区管理服务创新项目观察点"，邀请社工专家、居民代表组成评审组，开展"首届社区管理服务创新项目评审"，"温暖乘风我的家"等 15 个创新项目获得资助 36 万元；向民政部和省厅推荐"中央财政、省福彩公益金支持社会组织发展项目"活动，百湖助老社工服务中心等 6 个社工机构发展项目，受到中央财政和省福彩公益金支持 163.24 万元。拓展延伸一批项目：萨尔图拥军社区绿洲居委会创新实验点组建了 12 个社区社会组织，通过"大互助"模式，开展了居家养老服务；红岗区银河社区创新实验点通过地企共建，引入企业为居家老年人开展按摩、理发等；高新区黎明社区创新实验点与大庆传媒集团合作，量身打造康颐长者照护中心，在健康养老、便民养老上进行了尝试；等等。大庆市积极争取了省级福彩公益金扶持，27 个社区创新实践点共争取资金 410 万元。

3. 以基层治理为重点，注重"三社联动"模式创新。打造"两工互动"模式。喜悦爱心助老服务中心、成诚社工事务所等社工机构，将社工和义工紧密结合在一起，社工引领义工，义工发动群众，群众参与义工，义工协助社工，在其服务的社区内组建 68 个志愿者服务队、四点半学堂、文化艺术团等社会组织，开展助老、托幼、帮困和文化娱乐、环境保护等活动；打造"校社联动"模式。连续 4 年与大庆广播电视大学合作举办社工师资格考前培训班，目前培训 1040 人。各高校在社区成立 12 个"社工之家"，建立了 14 个"研究生创新实践基地""社工实践基地"，先后组织1200 多人次大学生进入社区与专业社工机构、志愿团队紧密结合、联动服务，社工服务理念得到传播，服务技能得到提高、服务效果得到优化，社区内形成了社工专业服务、大学生实习服务、社会组织参与服务、社区自治管理服务并存联动的良好局面；打造"嵌入社区"模式。例如，在东风、五湖、格林、富强等 20 多个社区工作站内建立了社工机构服务点，为社工机构和社工人员开展社工服务提供场所，创造条件，引入社工机构、志愿团队和其他社会组织"嵌入社区"，在社区一线了解群众需求，整合服务资源，指导开展社工服务。喜悦爱心社工服务中心入驻让胡路区庆新社区后，将社区、社工、义工结合一体，社工指导社区和义工开展为居家老人服务，打造出"3+1"居家养老服务新模式。

（四）简要评价

1. 主要成效

"三社联动"是一种创新，是延伸政府工作臂力、促进社会协同的重要手段，是激发社会活力的内在要求。在抓社工专业化服务工作上，大庆以实践创新为突破，努力打造"三社联动"新模式，突出专业化方向、运用专业方法、获得专业化效果。大庆市经过几年实践，探索出适合本土实际的服务模式。

（1）推进"三社"主体建设。"三社联动"的特点、能力，直接决定着基层社会治理和服务水平。第一，大庆市注重挖掘自身亮点，实施特色品牌建设。引导和鼓励社区根据自身实际，丰富社区建设内容，打造各具特色的品牌和亮点，每个社区都已培育出3—5个成形的品牌，社区全面推行的"网格化管理，组团式服务"工作模式，促进责任落地、干部下沉、服务升级，释放党建工作、社会管理、服务群众的强劲活力；推进的医养结合大社区建设，形成医养结合、照料并重、培训兼顾、爱心支援的养老护老新模式；社区道德综合体建设，将道德银行、道德讲堂、学雷锋示范站、爱心超市、养老公寓有机结合起来，做法得到了中央文明办的好评。（2）加强社工队伍，助推社会管理创新。以让胡路区为例，区级层面制定出台了《让胡路区社会工作人才队伍建设工作发展规划》《让胡路区社会工作人才队伍建设工作实施方案》等制度规划，建立社会工作者培训基地，定期开展培训，提高社会工作者专业理论水平和实际工作能力。积极开展拔尖人才选拔工作，每年评选工作突出、业务拔尖的优秀社工，每月每人给予奖励金。鼓励并支持广大干部职工积极参加全国社工专业资格考试，对于考试通过的给予一次性2000元奖励。近年来，共有千余人参加了全国社会工作师考试，100多人取得社会工作者资格证书。（3）推进社会组织建设，提升社会组织服务能力。民间组织管理工作更加规范，建立了星级评定、社会组织备案等制度，共为100多家民间组织办理登记审批手续，建立社会组织发展扶持中心和社会组织培育中心，积极培育和发展各类社会组织。

2. 激发"三社联动"服务活力。大庆"三社联动"机制构建过程中，注重丰富社区建设内涵，提升社区服务层次、发挥样板示范作用，并把它作为一项工作重点来推动，不断增强"三社联动"服务活力。不断规范社区管理。进一步规范社区建设基础，集中开展外部品牌文化、内在行为文化、政务公开文化等社区软环境建设；明确社区岗位职责、工作流程，建立有效衔接的"一站办结""首问负责""AB 责任岗"和一岗多责制度，推行了敞开式办公和错时服务，保证群众特急事项能在第一时间受理；理顺了区直部门与社区工作关系，严格执行社区新增管理和服务事项准入制，对允许进入的事项，明确授权内容、对象、权限、时限和经费，切实做到"权随责走、费随事转"；建立健全社区工作经费保障机制和经费使用管理办法，做到经费下沉、有钱办事。大力开展社区志愿服务。制定并下发《全面加强社区志愿服务试点工作实施方案》，成立志愿者协会，修改完善 10 余项相关制度。目前，区级层面发展各类志愿者服务组织 300 多个，发展志愿者 1.2 万多人，开展助残、助老等各类志愿活动 1500 余次，募捐衣物 5.3 万件，救助人员 2.1 万人次，全区社区文化团队发展到 264 支，丰富辖区群众的业余文化生活。

3. 建立政府购买服务制度。按照"政府主导、社会参与、市场推动"的原则，向作用发挥明显、专业性强、群众受欢迎的公益性、服务性社会组织购买群众有需求的服务项目。同时，积极引导社会组织面向扶老、助残、救孤、济困等公益服务和社会工作专业服务领域，开展面对面、零距离的专业服务和公益服务。

2. 存在问题

结合大庆市"三社联动"创新实验点实际，从推进情况看，还面临一些瓶颈和问题。

（1）个别社区对整合资源探索市场化运作的方式还有顾虑、有担忧。

受经济社会发展水平影响，大庆市推进"三社联动"虽然符合发展潮流，但相应保障机制尚未形成，真正意义上"三社""联中动""动中联"的互动关系并未形成。就实际发展情况来看，大庆市先期进行了社区体制改革，城市社会管理层级由"市、区、街道、社区"四级变为"市、区、社"三级，共建成 2000 平方米以上集公共服务、便利服务、公益服务、行政服务于一体的社区服务综合体 72 个。在整合资源探索市场化运作方面，个别创新实验点有顾虑，有"一手抓"的思想，存在着不愿腾出房间引进社会组织、高校服务组织和企事业单位入驻，怕担责，不敢将服务事项交给社会组织进行市场化运作，怕出问题，等等。

（2）社区社会组织的承载作用和专业社工人才的支撑还未有效释放。目前，大庆市颁发《社区社会组织备案证书》的社区社会组织 980 个、专业社工机构 20 家，取得社工师资格人数达 353 人，东北石油大学和八一农垦大学两所高校设立了社工专业。但从目前看，社区社会组织中从事志愿服务的居多，占 90% 以上，由于缺少资金的支持，活动缺乏连续性，居家养老服务作用的发挥不明显。虽然我市有 300 多人取得了社工专业资质，但系统培训却不多，缺少"实战"经验，另外，由于群众认知度不高、政府扶持力度不足等因素的制约，专业社工服务与养老服务尚未得到有效融合，也导致专业社会工作服务效果没有充分发挥。

（3）对实施"三社联动"机制推进社区服务的内涵还未吃透、未把准。建立以社区为平台，居民需求为导向，政府扶持监督、社会组织承接、项目化管理运作、居民群众评议、专业社工引领、志愿者参与的联动机制，旨在为社区居家老年人提供优质服务，增进人民福祉，促进社会和谐。调研发现，从市专项领导小组对萨尔图区、让胡路区、龙凤区、红岗区和大同区检查的情况看，个别创新实验点对"三社联动"推进居家养老服务的认识还有待提高，还不清楚如何"联"、如何"动"，思想仍停留在原来简单的居家养老服务工作上，比如开放活动室、康复室，组织团队开展活动、慰问贫困户等。当前，尚未真正想着利用社区这个平台，通过专业社会工作方法，由社区社会组织为居家老年人特别是失能半失能老人、独居、空巢、失独老人提供更好的服务。

社区是创新社会治理的抓手和推进实现共建共治共享的落脚点。党的十八大之后，国家治理系统性、协调性改革拉开了序幕。应势而动，社会领域亦开始了适应性调整和探索性实践。各地城市积极推进以社会治理创新为背景的社区治理体制改革。或是特大城市强化街道办事处职能，赋能大社区，或是少数试点城市和资源型城市实行扁平化管理，撤销街道办事处，实行"区直管社区"改革，或是有条不紊地进行各种模式创新。"三社联动"机制在这个过程中创造性展开。

五、评析："三社联动"之整体成效

各地在"三社联动"实践中，结合自身特色，采取了多样化举措，激发了社区居民的参与热情。通过组织再造，进行对内的业务流程调整与管理结构优化；通过优化职责，进行组织规模的横向扩展与纵向延伸，实现自身的提质增效与社区的减负增效；通过外部组织建设，引入、孵化了社区社会组织，培育、扶持了社区自治组织，夯实了城市社区治理的组织基础。

（一）聚焦社区减负增效

社区发展与治理是一项系统工程，贯穿其中的核心是以人民为中心的发展思想。在社区基本单元之中，社区、社会组织和社工是推动"三社联动"机制有效运行的关键主体。受传统体制和思维方式影响，我国社区建设的基础环境呈现"先天不足"、社区自治的发育条件"后天不良"的基本样态，存在着社会组织发展失衡、社工人才队伍建设滞后等问题。这些现实决定了现阶段政府为主导的推动方式仍然是主力，那么，政府嵌入如何使"三社"主体有序"联""动"则成为关键。自2017年起，国家层面强调打造政社互动"一盘棋"。由此，以为社区"减"轻负担、"增"加效能为基点的城市社区治理拉开了序幕。"减负增效"的实质是清晰地梳理、划分基层政府与社区的权责关系，解决的核心问题是城市社区的角色错位。

1. 把握政策方向

"三社联动"运行之初，政府加强政策指导，高位推动。从"政策支持－规划设计—实施框架—资源投入—人财保障"等方面精心安排和整体把控，补齐了法规政策不完善之短板。鼓励一些地区先行先试、大胆创新，实践开来聚焦社区居民需求，联动经验频出且各具特色。

中央层面，出台了有关政府购买服务、社会组织培育发展、社会工作专业人才培养选拔等一系列指导社区建设、规范社区管理和支持社区发展的政策性文件，为"三社联动"有序开展提供了法律依据，奠定坚实的制度基础。地方层面，制定地方政策和规章，建立互动机制，促进"三社"主体从有形"联"到有效"联"、从"被动"参与到"主动"释放活力。比如，内蒙古包头市制定了一系列地方政策，包括《关于精街道强社区管理体制的实施意见》《关于精简和规范社区工作的实施细则》《"三社联动"联席会议制度》《社会组织协商实施意见》《加强成功学社区协商的实施意见》《关于优化社区管理服务的实施意见》《关于规范和提高社区工作人员工资补贴的意见》《关于加强社会工作专业人才培养选拔工作的意见》《关于加快推进"三社联动"的实施意见》等。这些文件的出台，更加注重搭建社区管理服务基础平台，促进社区公共服务设施建设，强调社会组织和社会工作人才的培养，夯实"三社联动"机制运行的政策基础。

通过系统科学制定配套制度，完善社会组织政策法规体系，使社区治理效能逐渐凸显。既实现了社区居委会抽离行政事务、回归"自治"本位，又提升了各类基层服务工作的创新。一个个具体项目、一家家专业机构，拓宽了服务供给的广度，更分类瞄准居民需求，让社区治理共同体意识扎根于社区，让专业化、精准化服务落地。

2. 筑牢联动基础

两院院士吴良镛先生曾提出"完整社区"概念，社区不仅是生活居所，更涉及与社区居民利益息息相关的各类规划与服务。"三社联动"作为内生于社区治理的一项机制，其有序运转更离不开良好的软硬件设施，特别是在社区服务场地、服务信息系统和人才配备等方面。

（1）社区是行动主体，也是各类资本要素与服务汇集的平台。社区、社会组织、社工、志愿者和社会慈善资源在这一平台，形成联动态势。党的十八大以来，各地社区基础设施建设有了新变化，软件提升与硬件改造同步推进，原地改造升级老旧小区，更通过资金支持，为社区提供300平方米办公活动用房，为推进智慧社区服务提供了场所和设施保障。（2）聚焦社会组织发展难点堵点，以问题为导向，以"规范流程＋专业指导＋项目督导"的方式，突出公益性和公共性，建立分级负责、属地管辖的综合培育平台，为社会组织提供办公场所、党建指导、能力建设、资源对接等支持，引导社区社会组织健康有序发展。（3）发展社工人才队伍，搭好人才支持平台。调研发现，一些地方聚焦社会治理精准化、专业化要求，出台社会工作专业人才培养选拔和实施办法，以此推动专业社工、社区工作者和志愿者相互协作的互动机制。此外，吉林长春等地还与高校合作，使之融入"三社联动"机制，开展交流与合作，形成了较为完善的人才培养体系，为"三社联动"提供人才输送、专业支撑、智力支持和项目督导。其四，依托社区公共服务综合信息平台和社区治理智慧平台，将居民需求和各主体资源汇总起来，加强各类社区信息数据的融合运转和智能共享，促使"三社联动"过程更快、更准，以此提高联动效率。

（二）促进多元主体融合

"三社联动"机制的建立，激活了多元治理主体的内在活力，也推进政府相关部门之间的业务融合，形成受众更广的服务合力。"三社联动"领导小组定期召开会议，审议"三社联动"相关工作，推动社区工作的有机配合。各社工机构申报服务项目之前，都要就服务过程、服务评估与服务开展地区有效沟通，目的就在于服务内容的精准，的确是社区居民迫切需要，也是当地党委、政府迫切想要解决的社会问题。因此，"三社联动"开展初期，广泛调动基层政府的主观能动性及工作积极性，促进了政社融合，提升社会力量参与社会治理的能力。

基层党政部门在推动自身提质增效的同时，也在为社区治理培育一些新的主体，如社区社会组织和社区自治组织。"三社联动"的开展使社会组织的数量和质量都得以提升。截至2021年底，我国社会组织超过90万个（见表11），每万人拥有社会组织数量6.44个。政府通过政策倾斜、服务外包、活动开展、专业合作，大力培育和发展本土化的社会组织，逐步实现社会组织从"输血"到"造血"的转变。如浙江杭州上城区，以社区需求为内驱力，公益创投为外动力，大力推动专业学习型与本土实践型社区社会组织成长，"社区合伙人"的发现培育机制，带来了多重空间并拓展了服务内容。此外，一些地区民政部门为社会组织内部治理能力提升举办专业培训班次，使社会组织与承接职责更好对接，项目内容与居民需求更好匹配，形成社会组织服务专业化、长效化的有力保障。这些社会组织快速成长起来，依托政府搭建的合作平台，充分发挥社会组织项目孵化基地作用，孵化和推动规范化品牌化的项目，丰富社区服务的形式和内容。

表11　1988—2021年民政部登记注册的社会组织数量

年份	社会组织			社会组织总计（个）
	社会团体（个）	民办非企业（个）	基金会（个）	
1988	4446	—	—	4446
1989	4544	—	—	4544
1990	10855	—	—	10855
1991	82814	—	—	82814
1992	154502	—	—	154502
1993	167506	—	—	167506
1994	174060	—	—	174060
1995	180583	—	—	180583

续表

年份	社会组织			社会组织总计（个）
	社会团体（个）	民办非企业（个）	基金会（个）	
1996	184821	—	—	184821
1997	181318	—	—	181318
1998	165600	—	—	165600
1999	130668	5901	—	136569
2000	130668	22654	—	153322
2001	128805	82134	—	210939
2002	133297	111212	—	244509
2003	142121	124491	—	266612
2004	153359	135181	892	289432
2005	171150	147637	975	319762
2006	191946	161303	1144	354393
2007	211661	173915	1340	386916
2008	229681	182382	1597	413660
2009	238747	190479	1843	431069
2010	245256	198175	2200	445631
2011	255000	204000	2614	461614
2012	271000	225000	3029	499029
2013	289000	255000	3549	547549
2014	310000	292000	4117	606117
2015	329000	329000	4784	662784
2016	336000	361000	5559	702559
2017	355000	400000	6307	761307
2018	366000	443000	7027	816027
2019	375000	487000	8385	870385
2020	374771	511000	8432	894203
2021	371000	522000	8877	901877

数据整理来源：民政部社会服务发展统计公报、中国社会统计年鉴

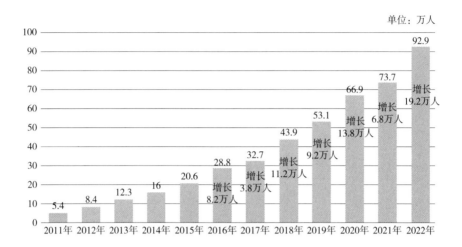

图 11　2011—2022 年全国社会工作者持证数量

　　除此之外，"三社联动"的开展，也使社会工作者得到更为广泛的认可。在前述几种类型的实践之下，社会工作的专业性最为凸显，社会工作者是展开各类项目的重要参与主体和执行者。从民政部及各地统计数据来看，全国持证社会工作者总量突破 92.9 万人（见图 11），实力较强的是广东、北京、江苏、浙江、上海等地（见表 12）。当前，各地社区社工从业人员分布不均、发展差异较大，经济发达省市社工从业者较多、社会工作发展相对成熟。一些经济欠发达地区社工从业者相对较少，为此一些城市从当前社区治理的现实需要出发，加大对社会工作者持证人员的奖励政策，并建立激励保障机制。如黑龙江哈尔滨出台《哈尔滨市社区工作者管理暂行办法》，对取得资格认证的社工和高学历人才分别予以职业津贴和学历补贴，这些举措为社工（机构）发展提供了良好制度环境和发展空间。

　　此外，随着"三社"主体在养老服务、家庭教育、法律援助、儿童关爱、心理疏导等领域进行了更广泛的联结与行动，"社工＋义工""社工＋义工＋志愿者"等服务模式在基层进一步拓展。专业社工机构、社会工作者、志愿者等有效介入，切实提升了公共服务专业化水平，并以此为牵引，吸引大量慈善资源下沉到社区，增加社会资源的联动，也解决了街坊的生活难题。

表 12 各地社工机构及人才发展情况

地　区	社会工作专业人才总规模（万人）	持证社工（万人）	社工机构（个）
北　京	7.68	3.91	1100
天　津	3.68	1.08	—
河　北	8	1.22	—
山　西	15.5	0.75	—
内蒙古	—	0.85	300
辽　宁	5.4	—	—
吉　林	—	1.09	353
黑龙江	3.8	0.82	231
上　海	10	3.55	653
江　苏	—	7.93	2167
浙　江	11.3	2.25	2194
安　徽	9.6	2.3	578
福　建	5.3	2.3	512
江　西	6.35	1.29	837
山　东	11.16	4.48	—
河　南	4.6	1.8	570
湖　北	6.5	3.6	635
湖　南	6	1.7	300
广　东	—	14.7	—
广　西	—	1.04	1510
海　南	0.99	0.22	—
重　庆	6.69	2.13	303
四　川	7.4	2.3	800
贵　州	6.3	0.6	105
云　南	8.45	0.84	393

地　　区	社会工作专业人才总规模（万人）	持证社工（万人）	社工机构（个）
西　藏	8.45	0.04	——
陕　西	2.5	1.2	——
甘　肃	1.4	0.28	151
青　海	6.5	0.09	——
宁　夏	1.2	0.41	140
新　疆	4	0.12	——

（三）激发社区发展活力

"三社联动"的特点是"全员联动"，不仅包括地区、社区两个层面的联动，还有社区内的驻区单位、居民联动，以及与社区外的社会组织、企事业单位的联动，旨在打造和谐共融、共建的途径。传统的"刚性管理"，社区居民参与往往缺少主动性，以命令式、服从式为主要特点。受参与渠道所限，居民甚少涉及关于社区公共事务的决策，其表达自我需求的机会也非常少，这显然与"以居民为本"的社区属性不相符合。为此，有必要唤醒居民的参与意识，拓宽居民的参与渠道。建立"三社联动"机制旨在打破传统单一主体的治理局面，将专业社会工作与传统社区服务相融合，形成社会治理和服务的合力；调动社区内外人员、社会组织和企事业单位的资源、能量，形成资源联动合力，有效预防和解决社会问题，促进社区融合，增进社会团结，维护社会稳定。如厦门兴旺社区，探索将居委会由社区自治的"包办人"转变为服务者，为居民提供参与空间；如深圳罗湖区，成立了100多个社区居民议事会，实现"社区事、居民议"；河南焦作解放区，通过微信群等信息化载体，广泛征集民意，共同决定社区公共事务。

第四章 "三社"等多元主体治理协同度实证研究

社会是一个复杂的系统，其运转开来离不开各个子系统、各个要素和各类资源等的协作、参与和配合。特别是随着经济社会快速发展，社区居民的需求日益多样化，社区治理的难度呈现越来越复杂和艰巨的趋势。在这种情况之下，传统社区管理体制和服务模式难以为继，亟待思维更新、理顺关系、制度调整和方式创新等，以期打造共建共治共享的社会治理格局。如前所述，基层政府、社区、社会组织、社工、志愿者、驻街单位等都是社区中实实在在的主体，彼此关系如何？协同情况怎样？本章基于SFIC模型，构建社区多元主体治理协同度三级指标。通过问卷调查和深度访谈，对H市A社区展开实证研究，进而测算并评估出多元主体治理协同度。

一、指标体系

（一）构建原则

1. 科学性原则

科学性原则意味着要围绕研究目标和研究内容，科学地、客观地展开。结合我们的研究，"三社"等多元主体治理协同度的评价指标具有一定主观性。因而，应本着科学的态度和理论，以及实事求是的精神，在文献研究的基础上，进行指标选取，使各项指标具有典型性且能够客观地反映出各指标之间的关系，并对收集的数据进行分析，避免出现重叠、交叉、遗漏等现象。

2. 系统性原则

系统性原则意味着在评价指标体系构建的过程中，要综合、全面、有逻辑地对各项指标进行考虑，避免出现以偏概全等情况。社区治理本身就是一个复杂问题，具体到"三社"等多元主体治理协同度测量更是一个复杂问题。因而，本研究构建评价指标体系就要遵循系统性原则，确保各项子系统和各项可量化指标能够全面地反映"三社"等多元主体治理协同的情况，使之相互联系、有机统一。

3. 代表性原则

代表性原则意味着选取的各项评价指标与研究核心主题密切相关，所设置的各项指标能够在一定程度上反映出评价对象。结合我们的研究，各个维度以及各维度内指标的选取与设置应逐层深入展开，设置能够反映出"三社"等多元主体治理协同度情况，避免出现不相关、不具典型性的指标。

4. 可操作性原则

可操作性原则意味着各项指标的选取、收集和统计，可通过文献研究、深度访谈和问卷调查而获取，并且是真实有效的数据。结合研究，测量"三社"等多元主体治理协同度，要充分考虑到社区治理实际、协同主体属性、参与对象特点、资源配置特性、机制牵动影响等诸多因素。因而，评价指标体系的建立必须具有较强的实用性和可操作性，以确保数据可得可测。

（二）模型选取

社区是社会的基本构成单位，为使社区有序运转起来，需要社区内多元主体、资源要素、运行机理和制度设计等高度协同与高效联动。通过对文献进行梳理和分析，本研究认为选取管理学常用的协同治理理论框架及其分析模型，来研究"协同度"问题最为恰当。本研究参考 Chris Ansell & Alison Gash（2008）的 SFIC 模型来构建评价指标。

Chris Ansell & Alison Gash（2008）认为，协同治理是一种以参与共识为导向的新型治理形式，取代政策制定和执行的刚性管理，转而将公共与私人利益相关者聚焦于公共议题之中，并参与决策。SCIF 模型建立在对 137 个案例进行考察分析基础之上，确定了影响该治理模式是否会产生成功合作的关键变量，以及协同模式建立的过程。

由模型可视化图所见（见图 12），协同治理显现出过程性、开放性和联动性等特点。从启动到产生结果，包含着四个变量，即启动条件（Starting Conditions）、催化领导（Facilitative Leadership）、制度设计（Institutional Design）和协同过程（Collaborative Process）。而这些宽泛的变量中的每一个又都可以细分为更细致的变量。在 SFIC 模型中，协同过程变量居于核心位置，而启动条件、制度设计和领导力变量则被视为促进协作形成的关键性贡献变量。SFIC 模型的四个关键要素没有主次、先后之分，其目的旨在涵盖治理共同体的实践过程。

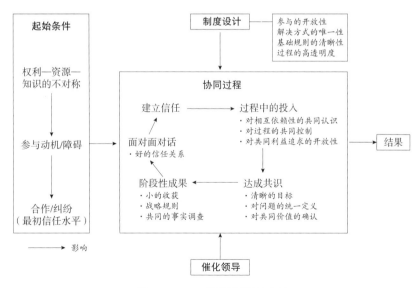

图 12 SFIC 模型的协同过程

1. 启动条件（Starting Conditions）

协同开始前的条件，如资源参与或权力平衡、信任程度或冲突和社会资本水平等，可以促进或阻碍利益相关者之间以及机构与利益相关者之间的合作。在社区治理中，存在多元参与主体且各自职责范围不同，而协同能否得以达成，需要准确定位各自角色边界属性。在我们的研究中，虽然"三社联动"主体主要包括社区、社会组织和社会工作者，但"三社"得以联结、得以合作，离不开基层政府、社区居民、驻街单位（企业）等共同参与。因而，测量城市社区治理多元主体协同度，不能只设定社区、社会组织和社会工作者三方，还要综合考量和判定，分层分类区分。一是政府治理主体，基层政府的角色是其社会管理和公共服务职责所赋予的，在社区治理中承担着政策的制定者和规划者、社区公共服务的供给者、社区自治的倡导者和指导者、社区安定的维护者等多种角色；二是社区治理主体（社区居委会、社会组织、社工、社区居民），这些主体既是"三社联动"的社区实践代表，也是社区治理的重要主体、核心力量和具体参与执行者，行动主体在合作、对话、协商中展开合作与行动，是构建协同度的重要指标主体；三是市场主体，包括驻街单位和物业企业等市场化力量，在提供场地、资源、基金等方面具有政府和社区居民不可比拟的优势，能够有效应对社区事务复杂化、社区需求多样化的难题。据此，设计"主体有效参与度"来构建协同度评价指标。

结合研究，设计"政府参与度""社会参与度""市场参与度"3项二级指标。其中，"政府参与度"包括"构建多元协商平台情况""召开多元协商会议情况""了解社区居民需求情况""为社区配备基础设施情况""采纳居民建议情况""支持各主体参与治理情况"等6个三级指标；"社会参与度"包括"社会组织介入社区治理情况""专业社工提供专业化服务情况""社会组织与居民关系情况""居民意见反馈渠道情况""居民参与社区活动情况""社区居民参与意愿情况""组织动员志愿者情况""项目开展情况""组织居民代表座谈情况"等9个三级指标；"市场参与度"包括

"驻街单位对社区资源提供情况""慈善资源介入社区服务情况""企业参与社区治理情况"等3个三级指标。

2. 催化领导（Facilitative Leadership）

领导力是制定和维护明确的基本规则、建立信任、展开对话和探索共同利益的关键因素。特别是在参与激励较弱、权力和资源分布不对称、事前对抗性较高的情况下，领导力显得更为重要。机制是各要素有效联动、产生作用的运作方式和相互关系，以使其产生效果。在"三社联动"运行过程中，政府嵌入其中，通过鼓励接纳、引领动员、扩展范围等技能，促进利益相关者密切合作并激发创造力；社区居民需求反馈到社区平台，社区再将需求传递到社会组织和社工机构等，社会组织再通过专项项目和专业人员提供服务，精准对接，更好地满足社区居民多样化需求，形成有效联动的循环，进而达成社区治理目标。建立机制就是设立有效的工作程序，驱动规则相连和运转，有助于可持续地推进工作，有条理地明确各项流程，有效地提高工作效率。催化领导渗透于协同治理内在机理之中，据此设计"治理机制完善度"来构建协同度评价指标。

结合研究，设计"治理机制建设"二级指标，包括"注重机制构建""形成运行机制""建立保障机制""健全利益诉求表达机制""建立监督评估机制""完善人才激励机制"等6项三级指标。

3. 制度设计（Institutional Design）

制度设计是促使协作达成所依循的政策制度和基本规则，其对于协作过程的程序合法性至关重要。只有利益相关方是以合法化身份参与其中，才可能对过程本身发出承诺并达成治理目标。制度设计"参与的开放性、解决方式的唯一性、基础规则的清晰性、过程的高透明度"的特性会影响治理目标的达成。

当前，外部环境也会对城市社区治理协同度产生重要影响，而这种影响主要体现为两个方面，一是政策环境给予社区多元治理主体协同的制度支撑，当社会组织尚未成熟起来、社区自治力比较欠缺、公民参与意识不强时，外部效应往往会起到强干预，政府成为社区治理中的主角或主导者；二是思想观念、风俗习惯、传统文化、主人翁意识、社区归属感和认同感等，对社区居民的价值导向影响，文化治理也成为塑造良好社区治理生态的关键要素。因而，有效的制度设计要求我们所制定的规则要符合协同主体的角色、明晰各自边界属性、对协同行为规范的政策支持等，以满足共同治理目标。此外，共同体意识的形成以及文化价值认同也都会潜移默化地产生行动自觉，进而成为制度认同，影响协同过程。据此设计"外部环境发展度"来构建协同度评价指标。

结合研究，设计"政策环境""文化环境"2项二级指标。其中，"政策环境"包括"政策制定及牵引情况""政策内容促进主体协同情况""政策开放情况""社区治理政策落实情况"等4项三级指标，"文化环境"包括"社区共同体意识""社区文化建设情况""社区多元治理主体价值观达成情况"等3项三级指标。

4.协同过程（Collaborative Process）

在 SFIC 模型中，协同过程是启动条件、制度设计和催化领导聚合之后的核心治理环节。协同治理以共识为导向，利益相关者（治理主体）在面对面的对话之上展开互动，而这一过程则往往取决于实现沟通、信任、承诺、理解和结果之间的良性循环。而沟通和面对面的对话又是协同开始的核心，所有的协同治理都建立在清晰目标和共同价值确认这一基础之上。尽管建立信任是一个比较耗时的过程，但有了彼此信任关系和相互依赖，才会增强对合作的承诺，才能扩大民主参与。因而，协同过程需要公开透明的治理环境。大数据、云计算、"互联网 +"背景之下，社区治理呈现出数字化、智能化、智慧化等特点。有效借助新信息技术，使社区治理精细化精准化，使社区治理效能和公共服务水平得到新提升，也是提升治理主体协同度的重要平台要素。信息共享度、公开度和价值性，会对多元治理主体的参与以及社区居民的生活产生影响。因而，畅通信息公开渠道和增强信息透明度十分必要。

结合本研究，我们设计了"信息公开"二级指标，包括"信息公布平台建设""信息及时性""信息共享情况""共享信息的价值"等 4 项三级指标。

简而言之，本研究根据实证研究的基本原则和思路，基于 SFIC 模型，共设计 4 类一级指标，7 项二级指标，35 项操作化三级指标，分别用 ABCD 来表示。（见表 13）

表 13 "三社"等多元主体治理协同度测度指标

一级指标	二级指标	三级指标	标识
主体有效参与度 A	政府参与度	构建多元协商平台情况	A01
		召开多元协商会议情况	A02
		了解社区居民需求情况	A03
		为社区配备基础设施情况	A04
		采纳居民建议情况	A05
		支持各主体参与治理情况	A06
	社会参与度	社会组织介入社区治理情况	A07
		专业社工提供专业化服务情况	A08
		社会组织与居民关系情况	A09
		居民意见反馈渠道情况	A10
		居民参与社区活动情况	A11
		社区居民参与意愿情况	A12
		组织动员志愿者情况	A13
		项目开展情况	A14
		组织居民代表座谈情况	A15
	市场参与度	驻街单位对社区资源提供情况	A16
		慈善资源介入社区服务情况	A17
		企业参与社区治理情况	A18
外部环境发展度 B	政策环境	政策制定及牵引情况	B01
		政策内容促进主体协同情况	B02
		政策公开情况	B03

一级指标	二级指标	三级指标	标识
外部环境 发展度 B	政策环境	社区治理政策落实情况	B04
	文化环境	社区共同体意识	B05
		社区文化建设情况	B06
		社区多元治理主体价值观达成情况	B07
治理机制 完善度 C	治理机制 建设	注重机制构建	C01
		形成运行机制	C02
		建立保障机制	C03
		健全利益诉求表达机制	C04
		建立监督评估机制	C05
		完善人才激励机制	C06
信息资源 共享度 D	信息公开	信息公布平台建设	D01
		信息及时性	D02
		信息共享情况	D03
		共享信息的价值	D04

（三）筛选与确定

为了使协同度指标更科学，本研究的指标体系筛选工作征求了社会学专家学者和实际工作者的意见建议。采用群体决策的经典方法——德尔菲法，以背靠背的方式，征询 20 位专家意见。评分等级分为 5、4、3、2、1，分别代表非常重要、比较重要、一般、不重要、非常不重要，经仔细检查后，确认 17 份有效评分表。通过整理汇总，录入 SPSS 统计软件，使用 Kendall 协调系数检验研究评价一致性情况（见表 14）。由此可知，专家们的评价具有一致性，确定这 35 项指标为本研究的最终评价体系。

表 14　Kendall W 协调系数检验

专家数	指标数	Kendall 协调系数	统计值 x^2 值
17	35	0.105	60.518

二、协同度测量模型

（一）子系统有序度测度模型

社会是一个复杂系统，为推动社会的整体利益和有序运转，其构成要素彼此协同工作，建立起十分严密的逻辑关系，相互制约、相互推动。"三社联动"作为社区治理创新的重要探索，也是一个涉及各个参与主体、各类社会资源、各种利益关系、各项机制带动等内容的相对复杂系统。如果我们把"三社"等多元主体协同治理看作一个复杂系统的话，那么其系统内各个子系统的有序都会对"三社"等多元主体治理协同度造成影响。而子系统有序度的计算，首先要对每一序参量进行测量。因此，有必要子系统有序度测度模型。

我们用 $X=\{X_1, X_2, X_3 \ldots\ldots X_i\}$ 来表示各个子系统，$i \in [1, 4]$。即 X_1 表示的是主体有效参与度子系统 A，X_2 表示的是外部环境发展度子系统 B，X_3 表示的是治理机制完善度子系统 C，X_4 表示的是信息资源共享度子系统 D。X_{ij} 表示每个子系统的序参量，$j=(1, 2, 3 \ldots\ldots n)$，$n \geq 1$，$\alpha_{ij}$ 和 β_{ij} 分别为 X_{ij} 的下限和上限，即最小值和最大值，有 $\alpha_{ij} \leq X_{ij} \leq \beta_{ij}$。当 $X_{i1}, X_{i2}, X_i \ldots\ldots X_{ip}$，$p \in [1, n]$ 为正向指标，取值越大，子系统的有序度越高；当序参量 $X_{i(p+1)}$，$X_{i(p+2)}, \ldots\ldots X_{in}$ 为逆向指标，取值越小，子系统的有序度越高。因此，序参量 X_{ij} 的有序度定义为：

$$\mu_i(X_{ij}) = \begin{cases} \dfrac{X_{ij} - \alpha_{ij}}{\beta_{ij} - \alpha_{ij}}, & j \in [1, p] \\[2ex] \dfrac{\beta_{ij} - X_{ij}}{\beta_{ij} - \alpha_{ij}}, & j \in [p+1, n] \end{cases}$$

（公式 1）

由公式 1 可知，子系统序参量有序度 $\mu_i(X_{ij}) \in [0, 1]$，$\mu_i(X_{ij})$ 越大，代表 X_{ij} 对子系统的有序度贡献越大。本研究用线性加权法来计算 X_{ij}。因此，给出有序度测度模型为：

$$\mu_i(X_i) = \sum\nolimits_{j=1}^{n} W_j \mu_i(X_{ij})$$

$$0 \leqslant W_j \leqslant t \text{且} \sum\nolimits_{j=1}^{n} W_j = 1$$

（公式2）

由公式2可知，子系统有序度为$\mu_i(X_i) \in [0, 1]$，$\mu_i(X_i)$越大，代表子系统X_i的有序度越高，并用熵值法计算权重W_j：

（1）对原始矩阵进行标准化。首先对指标体系下所有指标的原始矩阵进行标准化，得到矩阵$R = (r_{ij})_{m \times n}$

（2）计算子系统中第j个指标的熵值：

$$H_j = -k \sum\nolimits_{1}^{3} f_{ij} In(f_{ij}), \ j=1, 2, 3\ldots\ldots \ n$$

（公式3）

k=1/ln(m)，m为每个子系统收到有效问卷的个数，当$r_{ij}=0$时，第i个子系统中的第j个属性可以删除，其权重等于0。

（3）计算子系统中第j个指标的熵权：

$$W = \frac{1 - H_j}{n - \sum\nolimits_{j=1}^{n} H_j}$$

$$0 \leqslant W_j \leqslant 1 \text{且} \sum\nolimits_{j=1}^{n} W_j = 1$$

（公式4）

（二）协同度测度模型

在"三社"多元主体协同治理系统中，整体协同力是由子系统的有序度所决定的，我们把各个子系统有序度的集合作为整体协同力。参考管理学等相关领域专家学者的做法，构建协同度测度模型：

$$\rho = \sqrt[4]{\prod\nolimits_{i=1}^{4} \mu_i^1(X_i)}$$

（公式5）

在公式5中，ρ值越大，代表协同度越高。

（三）协同度形态

为了更科学地评估"三社"等多元主体治理协同度，结合深度调研和文献研究，本研究将协同度形态的评价标准划分成四类（见表15）。当 $0.8 \leqslant \rho \leqslant 1$ 时，协同形态为"高度协同"，意味着"三社"等多元治理主体联系紧密、默契配合，有着很好的合作基础和运行机制；当 $0.6 \leqslant \rho < 0.8$ 时，协同形态为"一般协同"，意味着"三社"等多元治理主体的联结与合作尚处于发展期，仍需从政策导向、运行环境、成员介入等方面进一步加强；当 $0.4 \leqslant \rho < 0.6$ 时，协同形态为"弱协同"，意味着"三社"等多元治理主体的联结不是很紧密，治理样态较为松散，治理效果也不理想；当 $0 \leqslant \rho < 0.4$ 时，协同形态为"不协同"，意味着包括"三社"在内的各主体尚未展开沟通与合作，仍是各自为政的状态，未能从内外部动力上激活协同之动力。

表15 "三社"等多元主体治理协同度评价标准

协同形态	范围
高度协同	$0.8 \leqslant \rho \leqslant 1$
一般协同	$0.6 \leqslant \rho \leqslant 0.8$
弱协同	$0.4 \leqslant \rho \leqslant 0.6$
不协同	$0 \leqslant \rho \leqslant 0.4$

三、数据采集

（一）样本选择

结合新时代加强和创新基层社会治理的要求，本研究在调查地及样本选择上，选取社区建设承载力较好，"三社联动"项目对接有特色有示范性的J社区。J社区是H省最早启动70个城市社区"'三社联动'社区居家养老"首批试点之一。该社区位于H省省会城市主城区之一，坐标于其所在区域"五大商圈"之一，辖区面积0.32平方公里，包括3个居民园区、4个居民庭院，34栋高层，71个单元，商务企业近140家，划分为 22 个社区网格。户籍人口 2326 户 5545 人，常住户数 4102 户 8512 人，其中党员 451 人。社区使用面积 2522 平方米，内设两个大厅 12 个功能室，是集公共服务、学习培训、文化艺术、休闲娱乐等功能为一体的综合文化服务中心。现有在岗人员 15 人，"两委" 4 人，专职社区工作者 8 人，公益岗位 1 人，临时雇佣 2 人。J 社区坚持"精细、精准、精心、精彩"服务理念，倡导"爱国、明礼、崇德、向善"家风社风，构建居务服务、志愿服务、社会服务"三位一体"网格服务体系，全方位创建社区品牌和特色。

经过 17 年的发展，J 社区已成为一个现代城市特色明显、功能设施齐全的新型商业宜居社区。社区商圈因更贴近社区居民，呈现出社区生活功能业态补充的角色，满足居民生活各类便利的刚性需求。整合多种资源、创新治理方式，实现社区党建与商圈发展同频共振、社区治理与商企自治良性互动、居民消费与商家营销互补共赢，现已形成精品商业购物、家居建材营销、餐饮娱乐休闲、现代服务业聚集等商业业态。目前，J 社区已入驻企业 500 余家，具备良好的经济发展势头和创业空间。

先后荣获全国综合减灾示范社区、全国"暖心工程"优秀服务站、"第二届全国社区建设自主创新百花奖"最佳实践奖、全国示范性老年友好型社区、H 省民主法制社区、H 省创建全国文明城市突出贡献奖、省级文明单位、H 省"十佳和谐社区"提名奖、市五四红旗团支部标兵、市五星级和谐社区、市优秀志愿服务项目等多项荣誉。年均组织开展各类活动 100 余次，"情暖军民 爱系社区 老少同乐闹元宵""享美食 促和谐"三八厨艺大赛、"祭奠英烈 缅怀先人"清明节祭扫、"巧媳妇厨艺大赛""百家宴宴百家""重阳节千叟宴"等活动曾先后被多家主流媒体报道，活动受到辖区居民的广泛好评。

（二）数据收集

本研究认为，选取 J 社区有着体现城市社区多元治理主体协同的依据。在研究推进过程中，我们用问卷法展开调查，考虑到社区居民的学历水平、年龄划分、职业结构、阅读能力等，采用自填问卷与结构访问相结合的方法，从而确保填答范围广、回答率较高、消除理解偏差等。

本次发放问卷 200 份，甄别筛选后获取有效问卷 177 份，问卷有效回收率为 88.5%。我们按性别、年龄、身份类型、受教育程度进行分类，从性别特征看，男性被调查者占 31%，女性被调查者占 69%；从年龄划分看，18 岁以下被调查者占 1.1%，18 岁至 30 岁被调查者占 11.3%，31 岁至 40 岁被调查者占 46.3%，41 岁至 50 岁被调查者占 32.8%，51 岁至 60 岁被调查者占 7.9%，60 岁以上被调查者占 0.6%；从身份类型看，社区居民占 46.3%，政府机关工作人员占 22.6%，企业人员占 16.4%，志愿者占 5.1%，社区"两委"成员占 4.0%，社会组织负责人和专业社工均占 2.8%；从受教育程度看，八成以上被调查者具有大专及以上学历，对问卷题目基本没有理解上的障碍或偏差。

具体分布情况如表 16 所示：

表 16 J 社区问卷调查样本分布情况

社区	人口统计特征	属性	样本占比
J 社区	性别	男性	31%
		女性	69%
	年龄	18 岁以下	1.1%
		18—30 岁	11.3%
		31—40 岁	46.3%
		41—50 岁	32.8%
		51—60 岁	7.9%
		60 岁以上	0.6%
	身份类型	政府机关工作人员	22.6%
		社区"两委"成员	4.0%
		社会组织负责人	2.8%
		专业社工	2.8%
		志愿者	5.1%

续表

社区	人口统计特征	属性	样本占比
J 社区	身份类型	企业人员	16.4%
		社区居民	46.3%
	受教育程度	硕士及以上	11.3%
		本科/大专	72.9%
		高中/中专	14.1%
		其他	1.7%

其可视化图形表示为图 13—15：

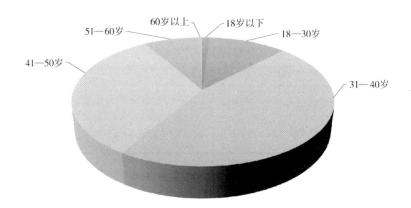

图 13　J 社区问卷调查样本年龄分布

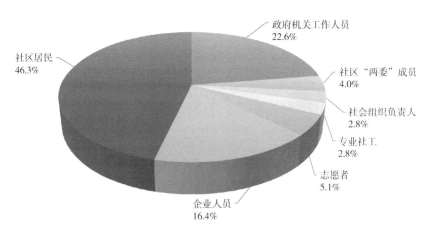

图 14　J 社区问卷调查样本身份来源

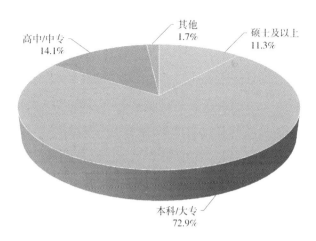

图 15 J 社区问卷调查样本学历情况

此次问卷调查覆盖面较全，具有一定代表性。研究时，考虑到了性别结构、年龄结构和受教育程度，基本涵盖社区治理各类主体，这些主体对"三社联动"较为了解或在机制运转过程中发挥着重要作用。

四、实证过程与结果分析

我们依据 17 位专家评价打分表，运用 MATLAB 程序处理，测得各评价指标权重 W_j。（见表 17）

表 17 "协同度"各项评价指标的熵权

标识	熵权	标识	熵权	标识	熵权
A01	0.0639	A13	0.0288	B07	0.0861
A02	0.0674	A14	0.0481	C01	0.3090
A03	0.0430	A15	0.0312	C02	0.2380
A04	0.0667	A16	0.0312	C03	0.0906
A05	0.0430	A17	0.0667	C04	0.1040
A06	0.0492	A18	0.0674	C05	0.1543
A07	0.2006	B01	0.1468	C06	0.1040

标识	熵权	标识	熵权	标识	熵权
A08	0.0288	B02	0.2591	D01	0.3121
A09	0.0479	B03	0.1166	D02	0.2988
A10	0.0409	B04	0.1743	D03	0.2002
A11	0.0479	B05	0.0875	D04	0.1889
A12	0.0272	B06	0.1296		

依据公式4，得出ABCD四个子系统有序度结果。（见表18）由公式5得出协同度ρ=0.4199。由协同度形态的评价标准（见表19）所示，J社区协同度在$0.4 \leqslant \rho < 0.6$区间，表明协同形态为"弱协同"，意味着"三社"等多元治理主体的联结不是很紧密，治理样态较为松散、治理效果并不十分理想。

表18　ABCD各子系统有序度

子系统	主体有效参与A	外部环境发展B	治理机制完善C	信息资源共享D
有序度	0.4198	0.4047	0.4336	0.4220

表19　J社区"三社"等多元主体治理协同度

样本	J社区
协同度	0.4199

为了深入分析J社区"三社"等多元主体治理协同度较弱的原因，我们又进一步观测了35项指标的贡献度，选取大于等于0.04和小于等于0.025的指标。从中发现，排名前六位指标中，包括4项A指标（A18、A16、A17、A14）和2项C指标（C06、C05）。（见图16）由此可见，主体有效参与度和治理机制完善度，对于构建"三社"等多元主体治理协同度有着关键影响，这两类子系统的科学设计与合理运行能够有效提升协同度。相较而言，排名后十项指标，包括5项A指标（A12、A02、A13、

A03、A01）、3 项 B 指标（B03、B02、B01）和 2 项 D 指标（D03、D01）等贡献度较低。"三社"等治理主体间缺少联合与行动、相应社区治理信息开放度不足、政策牵引力不够，在平台搭建、制度建立和主体活力释放等方面，与瞄准社区治理目标和精准对接居民需求尚有不足和差距。因而，要想提升整体协同度，可主要从主体有效参与、外部环境发展和信息资源共享等方面着手。

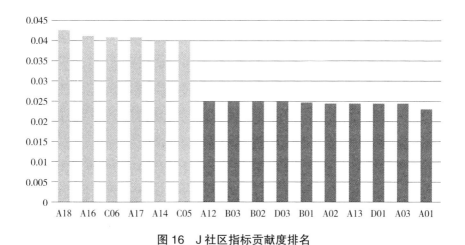

图 16　J 社区指标贡献度排名

第五章　影响"三社"有效联动的原因分析

从"三社联动"的地方实践和问卷数据来看，地方政府聚焦社区居民需求所开展的各类项目和活动亮点纷呈，社区治理和服务取得一定成效。特别是一些经济基础较为发达的地区，推进社区治理改革和创新走在了全国前列，更将国际理念、现代社区经验、现代化治理方式与地区实际相结合，使之有机融入创造性展开。但与此同时，仍有一些问题亟待引起高度重视，引发理性思考，比如，借鉴模式是否可复制、社区职责边界是否清晰、政府依赖是否过高、联动方式是否可持续、其他主体与资源是否可引入、社会组织与社工机构能否实现自我发展等。在中国式现代化进程中，传统与现代、历史与现实、本土文明与西方文明相互交织交融，社区治理的走向如何？

一、"三社联动"不够有效

"三社联动"机制是对社区治理方式创新的重要探索，也是构建社区治理共同体的重要途径。如同每次社会体制改革必然经历一段时间的调适一样，"三社联动"机制的运行也同样经历着从适应到实施的模糊期，一些地方对其重视程度不够、认知明显不足。

调研发现，有的地区是仅靠文件政策联动，"形式"上联起来，而"内容"上并没有动起来；有的地方是把民生事项贴合在"三社联动"机制上，认为凡是涉及社区、社会组织和社会工作者等主体的事项就是"三社联动"，而没有运转起来，更没形成互动机制；有的地方借助"三社联动"之名，短时间孵化出社区社会组织，而这些社区社会组织也往往是社区中早已存在的兴趣小组，只是换个名目、换个装，就幻化成社会组织孵化成果；还有的地方有效"联动"机制不畅。基层政府通过购买服务的方式将项目引入社区，再由社区居委会来对接社会组织和社工机构负责人，但实际上，这种联动方式本身就不体现内生性，各主体利益出发点不同，对接需求准确度更有待考察。更为重要的是下沉项目，由谁来牵头也成为各主体行动迟疑的理由，致使项目进展缓慢，难以落地。在基层，推一推、动一动的现象屡见不鲜。此外，有的社区居委会和社会组织、社工机构的关系也很微妙。或是狭隘地担心，社会组织发展壮大会弱化居委会自治功能，或是片面地认为，社工只是组织居民开展活动，未能充分认识到社工的专业引领作用。加之，短期内社会组织和社工机构力量薄弱，在"三社联动"中作用发挥确实不那么显著。近年来，随着慈善资源高效整合利用、公益慈善事业的发展，社会慈善资源和志愿者也有机融入或卷入"三社联动"机制中，在一些地方更是作为"五社联动"的核心。但调研也发现，各方都将自己作为最重要的力量，因而在联动过程中缺少集体行动和治理合力。

上述表象只是就"三社"或"五社"主体的问题分析。实践中，作为一项机制，"三社联动"若想得以顺利展开，更离不开社区居民的参与。调研发现，社区居民对联动主体本身缺乏基本认知，或是不了解或是没有切身感受。有的居民对"三社联动"认知不足，认为"三社联动"就是政府行为，居民是服务的接受方；有的居民认为项目的开展就是慈善。这些认知从一个侧面反映出当前社区治理的问题和症结，也说明"三社"从有形联到"有效"联，还有许多工作要完善。当然，"三社联动"不仅仅是民政一家的工作，也涉及其他部门和责任主体。只有各部门理顺关系配合好，各行动主体凝聚力量，各方资源链接起来，在好机制的带动下，才能形成基层社会治理合力。

二、社会资源开放度有待加强

随着经济体制转轨、社会转型发展,与之相伴带来了社会结构变化、利益格局调整和思想观念转变。这不仅体现在整个社会形态的发生变迁上,还表现为人们的行为、生活方式和价值体系也将随之调整。经历过多次行政体制改革后,政府在精简机构、转变职能、完善体制等方面有了很大程度改善,但受行政组织架构"双重从属制"和"官本位"思想惯性等多重因素影响,现行体制仍未彻底解决"条块分割、职能交叉、工作行政化"等顽疾。单位制的式微,国家权力运用政治权威的合法性重新嵌入与渗透到社区,造成基层治理的"内卷化"倾向。政府职能部门和街道办的结构位置仍然处于绝对优势,行政化主导色彩依然浓厚,其他主体尚未完全摆脱对其依赖,主要表现为政府对社会组织、社工机构的权力空间让渡、政策优惠激励和购买服务力度相对不够,主动服务意识和能力不尽如人意,尚未形成规范的购买服务市场环境,等等。

当前,我国社区治理方式对政府依赖程度较高,仍由行政力量干预或介入,即便是北京、上海、广州、深圳、杭州、厦门等"三社联动"开展较好的城市,也或多或少地带有行政化色彩。社区、社会组织活动场地、政策支持、公共设施维护和服务资金等多由政府来提供,在孵化、培育社会组织、外包服务等方面,政府也是主导者。当面临社会力量发育不足和发展困境时,政府又往往嵌入其中,而后虽然撤出,但受传统思维惯性和行政管理路径依赖的影响,也难免会制约社会组织和社工机构内生力和发展空间。更为关键的是,评估"三社"的主体还是政府,这种情况下行政化色彩依然浓厚、结构位置绝对优势等现象不可避免。

社会是由人与环境形成的关系集合,包括人类生活、消费娱乐、社会安全、民生保障等都属于社会活动范畴。社会治理往往表现出复杂性和多样性的特点,各类社会问题表现出综合性和叠加性的样态,解决某一问题有时会涉及多个职能部门,有时会涉及多个领域和行业。因而,社会治理体制和运行机制必须有效畅通，社会才能更好地发展。基层出现的一些问题，其背后产生的逻辑源于行政动员或刚性命令，这使得基层权力往往对基层治理的多样性和复杂性视而不见。从某种意义上来讲，也忽略了社会发展的活力与内在文化机理的延续。

调研发现，一些曾经富有生机与活力的街区变成了千篇一律、整齐划一、毫无温度的围墙和标识，原本街区自身可以满足的很多配套服务，则向更远的地方甚至街区之外寻求解决，这也反映出行政化倾向严重、治理方式简单化等问题。以政府为主体的行政动员组织高效，但社会力量发育不足、参与度偏低。

调研也发现，街道与社区之间指导与被指导、支持和帮助的关系，但在实际工作中，往往变成下派机构或下属单位。有的社区居委会主任、副主任兼职社会工作，而这种工作状态显然会带来角色冲突，既没有捋顺关系为社区减负，又增加了新的工作，社区"疲态治理"成为常态。

调研还发现，"三社联动"试点分布不均衡。从政府一方看，"放管服"改革在上海、广州、杭州等发达城市改革步伐较快，扎根落地"最后一公里"，而在经济欠发达地区，则处于"跟着走""推着走"的状态。一些地区没有全面履行政府购买社区服务的职能，存在着政府部门与社会组织直接协商或特定委托等情况，直接通过公开招标或投标承接的情况较少。从社会组织一方看，一些社会组织的服务项目主要集中在社区培训、养老助老、脱贫攻坚、抗疫维稳等方面，存在着服务领域偏窄、项目不多、方法单一、总量不大、平均额度偏低等问题。更为突出的问题是，以项目制方式展开的政府购买服务和公益创投等，周期短、资金少，以资金或年限为结点，缺少可持续发展平台和空间。

简而言之，社会资源的开放度不足，社会力量对政府资源依赖过强，社区公共服务供给不足，居委会自治功能行政化、空心化、边缘化等表现，必然成为制约"三社联动"机制发挥作用的重要梗阻。

三、社会组织承接力相对有限

社区、社会组织和社工"三社"协同联动，是国家、市场与社会三重维度框架下的示范，追求多元共治、理念共生和信息共享的行动样态。在这一框架之下，国家、市场与社会三者之间不是简单的从属关系，而是彼此相互作用的互动。国家以强权推动市场和社会发展，市场激发社会力量的成长，社会反过来也能够影响国家，并影响政府职能转变；随着市场发育壮大，也会产生新的社会问题和矛盾，从而造成社会对国家政策的依赖，并促使相关政策的进一步优化，三者相互影响、相互作用。

社会组织作为社会力量的重要方面，也是社会治理的重要主体和依托，在社会治理乃至国家治理中发挥着基础性作用，其参与社会治理既是社会治理现代化的题中应有之义，也是协同治理的内在要求。当前，尽管各地通过深化社会组织体制改革，为社会组织营造良好的发展环境，在化解社会矛盾和促进社会融合等方面承担着越来越重要的作用。但总体来讲，目前社会组织发展缓慢、数量不足、自身造血功能和市场能力不足、组织服务内容单一，基本处于"小打小闹"的状态，难以承接政府转移出来的各项职能。这既有历史原因，也有体制束缚因素，还有自身独立性较弱的因素。

我国的社会组织，尤其是社会团体，常常带有浓厚的官方色彩，甚至行政化。一些社会组织脱胎于政府机关单位，大多沿用传统行政模式管理，与政府部门联系过于紧密，官办色彩较重，也有人将其视为"二政府"，培育发展还依赖于政府部门的资助，社会发展自觉性不强。相比较而言，在一些发达国家和地区，社会组织能够承担起政府转移出来的职能，并参与大量社会公共事务管理。从总量上看，社会组织培育发展状况较好，分布于各项社会民生领域。比如，德国建立了包括社会团体、有限公司、股份公司和基金会在内的非营利组织，以促进社会成员参与志愿活动，满足社会成员的多样化需求。

一些孵化和培育后的社会组织，缺乏独立开展社区服务活动的能力，而且服务专业性也有待提高。调研发现，包括社工机构在内的社会组织往往以项目制方式，承接社区中的公共服务，服务领域也多集中在为老、便民、儿童、教育、帮扶、流动人口等领域，一些矛盾调解、法律协调等服务领域涉及较少，功能发挥亟待提高。特别是深圳模式提及的社区发展基金会，这类公益性社会组织少之又少。这类组织相对独立，不扎根于社区，参与社区治理较少，没有形成广泛参与和协同。此外，经过孵化和培育的社会组织，又缺乏独立自主开展社区服务活动的能力，服务专业性有待提高。

有的社会组织脱胎于社区居民兴趣小组或志愿服务队，在制度管理和内部结构设置上比较松散随意，普遍缺乏资金注入和专业人才支撑，吸收社会资源能力弱，只是承接有限的文体类、公益类、宣教普法类社区服务，内容单一化、操作简单化，基本处于松散状态。其次，社会组织法规体系不健全，现行规定过于笼统、操作性不强，有些规定已滞后于时代需要和形势需要，有些方面尚为空白。比如，政府行政部门与社会组织的责任和义务界定不清晰，导致社会组织发展随意性较大。此外，对社会组织的功能认知不足。调研发现，一些工作人员对社会组织发展的认识有偏差，将社会组织视为"另类"，认为社会组织数量多了，不利于管理，反而会添乱，导致社会组织作为社会管理的主体，几乎很难发挥作用。而老百姓的大量社会需求又需要满足。在这种情况下，长期形成有事找政府的旧有习惯而今仍然盛行。"有些事儿，政府做不了，老百姓不满意；有些事儿，不是政府的事儿，政府做了，老百姓也不满意。"本应该由社会组织承担的责任，社会组织却没有承担起来，而政府又管得太多。如果公众的需求，都要政府来满足，社会管理的成本就会非常高；相反，如果社会能够实现自我管理，那么政府进行社会管理的成本也会大大降低。从这个意义上讲，社会治理不仅是政府对社会的管理和服务，也是整个社会，包括社会组织、社区、企业、公众等多元主体在内的行动自觉，这也是形成社会自主有序秩序的前提。

四、社工服务专业度欠佳

在党的二十大报告和《中华人民共和国国民经济和社会发展第十四个五年规划和 2035 年远景目标纲要》等中共中央政策文献中，均对社会治理专业化和社会工作专业人才队伍建设作出重要部署和要求。社会治理是对社会的治理，也是对社会领域的治理，还是多元主体协同共治；既强调法律、制度刚性约束下的权力服从，也强调规范、道德柔性力量下的秩序遵从。增强"三社联动"的整体性、协同性和精准性离不开专业化的分工和职业化的人才队伍，依靠专业人员提供服务，处理复杂问题，能在更深层次上体现出基层治理效能和治理水平，释放社区发展活力。

发端于西方社会的社会工作专业，被誉为应对社会疾苦的"科学慈善"，而从事社会工作专业的人员，被称为"社会医生"或"社会工程师"，其专业人才总量约占总人口 3‰。从理论和实践层面看，专业社工人才看问题的视角更广、找平衡的支点更准、提供服务的方式更专。因而，专业社会工作者应当成为加强和创新基层社会治理的重要力量。但我国社会工作专业起步较晚，社会工作者人才总量不高，面对深层次社会矛盾，更需要增强专业人才解决问题的能力，在直面各类复杂民生难题、协调处理重大利益关系上发挥着一般工作人员无可比拟的优势。从社区实际运行情况看，"三社联动"中社区工作者主要涉及两类，一是社区居委会主任、副主任和聘用工作人员，二是社会工作机构从业人员。

其一，高层次、专业化的社会工作人才短缺、整体专业化程度不高，仍是当前社区社会工作发展中的难题。调研发现，从性别结构上看，社区工作者男女比例失衡，从事相应工作的女性比例偏多。民政部统计数据显示，女性社区工作者占比例八成以上。从岗位设置看，社区工作者通常兼职多项工作，社工师兼职多个岗位，可谓"哪里需要哪里搬"，且科班出身的大学生社区工作经验不足，短时间很难上手具体社区事务。特别是受过专业教育的学生，毕业后往往不愿在社区、社会组织工作，专业人才匮乏也在一定程度上制约着社会组织和社工机构发展。除此之外，社工机构社工师介入"三社联动"时间较短，在联动机制不完善的情形下，其作用发挥尚不足等。当前，社区治理和服务面临的事项繁多，社工队伍不稳定、服务设施短缺、解决现实问题范围较为单一、参与度不够、专业力亟待提升等，这些现实远跟不上社区事务复杂的扩张节奏，难以满足社会化需求，"一人多岗多责""身兼数职多面手"现象在社区最为常见。

社工专业人才队伍构成不均衡，经济发达地区与欠发达地区差异较大，存在人才引进难、留不住等问题。调研发现，各地获得社工师资质的人数不足 5000 人的省份不在少数，难以满足社会服务需求，主要表现为非专业、缺口大、培训少、适应差。从年龄结构看，社区工作者多处于40—50 岁年龄区间，而取得初级、中级社工师的持证人员平均年龄在 35岁左右，平均工龄 5 年；从教育经历看，有社会学和社会工作专业教育背景的社区工作者较少，在各社区仅占 10% 左右。因而，许多具体工作大多凭借工作热情和经验，处理复杂问题的方式单一、方法不多。而接受过专业教育的社会工作专业人才则感到职业前景不明、薪资待遇微薄、工作不够体面、制度化岗位晋升渠道不畅，往往短期内就会离开，因此，留不住专业人才，难以保障持续性开展更广泛的社会化服务项目，难以保证社会治理成效。更为突出的是，诸如医疗、司法救助等专业领域，社区服务的人才长期紧缺、配置不到位，甚至多数社区此类服务处于"空白地带"，无人能担、无人愿担。对"实务"性较强的社工岗位来说，既要有专业化知识属性要求，也要有社区或社工机构的实务经验和技巧，擅长为社区居民进行专业服务引领、机构领办、领域拓荒启创、社区营造、案例经验总结、决策支持等。而一般的或者刚工作的社会工作者又很难满足这样的岗位任职要求，即使有专业背景且学历较高的社工，但在缺乏实战经验的情况下，对特殊社区服务项目而言，短时间内很难进入角色，未等培养成熟，人才便流失了。因而，现阶段必须通过制定完善社会治理专业人才的管理、培养、使用、评价和激励政策，健全职称评定、薪资报酬、职业考核等制度，着力解决社会工作专业人才短缺等现实问题，使之以专业化精神和工作方法，熟练运用于民生服务、矛盾化解、风险防控、危机处置、灾后救援、教育感化、心理疏导、政策引导、规范执法等方面，夯实社会治理基础，以此提升社区治理专业化、精细化水平。

社会工作者的薪酬和激励机制不完善，待遇政策吸引力不强，社工人才队伍不稳定。一些地区曾制定过"每个社区配备1名专业社工人才引进政策"，但从实际运行情况来看，工资待遇仍然偏低，大部分人先后辞职、人才流失。也有的社区制定过"社工评优和千元补贴政策""解决事业编制工资待遇的激励政策"，而此项工作涉及民政部门、组织部门、人社部门、财政部门等多家单位，彼此联系不紧、标准不够、协调不畅，相当考评结果并未共同认可，社工人才"引进—培养—使用—管理"政策零散碎片化，最终也未能落实相关待遇承诺，成了"空头支票"，严重影响工作的积极性和主动性。另外，还有一些已经考取国家助理社工师、中级社工师和培育成熟的社工，因看不到发展前景，纷纷选择离职、跳槽到待遇更好的地区发展，这类现象比比皆是。调研发现，流入人员多为新毕业大学生，而流出人员学历多为社工专业研究生，因此，社会工作队伍整体的专业化程度受到很大影响，人才结构极不稳定。

社会工作者的职业认同感偏低，工作动力和积极性不高。调研发现，受体制等因素影响和制约，本土培养起来的社工人才缺少进入体制内的渠道和机会，存在着外行领导内行、专业人士作用发挥受限等现象；涉及部门，包括民政、人社、财政等沟通联系不紧密，民政部门管人不管钱，人社部门管人才引进、培养、管理和使用，但又缺乏整体规划，留不住人，特别是对社工最为关心的编制和待遇问题，各部门标准不同，协调难度大。除此之外，部分社区居民对专业社工还缺乏认知和了解，将其视为志愿者和一般社区工作人员，这也致使社区社会工作者的成就感和使命感较低，工作干劲不足、专业成长动力不足等。这些都已成为社工人才参与"三社联动"机制建设的主要阻力。

五、社区治理信息资源相对分散

"三社联动"的前提是多方合作与共治共享，这就需要打破内外部信息孤岛现象，普及运用新技术工具参与基层治理，使政府各机构各部门之间的社会信息互联互通、资源共享、政务协同。

各级政府、各类社会组织依托海量而全面的数字和数据分析，为开展科学的社会决策和破解诸多社会治理难题提供新的治理思路和手段。经过多年的信息化建设，各级政府和部门已有相对完备的信息收集、分析、传输、处理等系统，各层级机构也都开通了网络政务平台，其手中更是握有相当数量的社会信息资源。据学者不完全统计，各级政府有 3000 个数据库，其中 80% 为可公开和共享的社会信息数据，但实际互联互通的数据库却不足 30%。受现行中央地方分散化治理的集权式模式的影响，中央政府对数据信息的收集仍然依赖地方政府，而地方上报的数据，有时会存在包庇部门利益的现象，数据很难如实上报，造成中央政府层面的数据信息噪音扩大。由于没有统一的战略发展规划、所采用设备和数据库格式不同，独立的、异构的系统面临着碎片化阻碍，使得不同职能部门和管理系统构成的政府，在处理具体的事务管理过程中，出现不联不通、信息脱节等现象，特别是造成各自为政和跨部门、跨地区、跨行业的信息壁垒，形成"信息孤岛"现象，产生"公地悲剧""九龙治水"的困境。

调研发现，一些地方智能设备"无处不在"，但实际利用率较低且各自独立，可资利用的数据信息资源缺少统筹安排，无法互联互通，不少地方出现"重网络信息化硬件建设、轻数据综合利用软件开发"的情况。主要表现为，一是打通便民服务"一网通办""一站式服务""最后一米"尚有改进空间，对居民确需的各类公共服务事项未能做到及时跟踪，甚至有些社区居民群众的意见建议也未能及时传递给政府；二是社区、社会组织和三级孵化平台的资源信息共享平台尚未建立起来，社会组织信息查询、信息公开、业务交流和对社会组织服务项目动态监管等多项功能，社区未能及时发布居民服务需求，社会组织未能及时提供对接。从经济发达地区"三社联动"的实践经验来看，通过建立完备的横纵向数据信息搜集和管理机制、智能化平台和智慧互联，能够实现权力下沉、消除灰色地带，增强社区居民参与社区活动和服务的积极性，为实现基层社会治理精细化带来创造性变革。因而，各地在接下来的实际运行中，仍需把此项问题作为考量重点。

六、社区居民共同体意识较为淡薄

"三社联动"需要发挥社区各方主动性和能动性，特别是要激活社区居民广泛参与的活力。"三社联动"机制的建立虽在一定程度解决了参与不足的问题，但从整体而言，受传统管理习惯影响，旧有权力支配格局长期处于"行政控制"或"行政主导"，致使社区自治的空间受到了极度挤压，社区居民参与度和共同体意识较为淡薄。权利意识的不觉醒和长期缺位，难以唤醒，长此以往便造成了恶性循环。调研发现，现阶段无论是社区居民对"三社"的认同，还是"三社"对居民的吸引都不足，有着很大提升空间。

（1）行政化的社区管理思维根深蒂固，对原有社区服务模式的改变不可能一蹴而就，社区居民参与意识和能力的培育需要一个过程，特别是需要投入大量的人力、物力和精力，自下而上地全面开展社区服务和社区活动。目前的社区活动和服务基本还是自上而下的政府推动型模式，当政府职能部门急于加快推进试点任务出成绩时，社区活动的开展便趋于急功近利，往往以加快速度见成效的名义搞形式，或以没有成效为由减少项目投入甚至指责，这是"三社联动"机制构建过程中需要警惕的问题。

此外，社区居民对参与社区服务和相应活动是有心动的，但缺少行动，特别是涉及社区公共问题、生活矛盾等方面，虽有意愿参与社区协商议事，但多表现为参与呼声强但行动力弱、意识高但能力低、老年群体热衷但青年人不感兴趣等。社区居民对一些文体娱乐类的社区社会组织参与度高于其他类型组织活动。总体而言，社区居民参与"三社联动"仍是以政府主导型形式开展，以被动性、执行性参与为主，系统性和可持续性不足。

从前述地方进展来看，在深圳桃源居开展的"三社联动"活动中，居民参与广度相对较好，但参与深度还有待进一步验证。参与是致力于解决问题的"工具性参与"还是因参与而使参与者本身有变化的"过程性参与"，这些问题也是当下"三社联动"机制所要关注的焦点。

除此之外，模式的可持续可复制问题也应当予以关注和讨论。任何联动方式和机制的建立，都受到内外部条件的影响。当前，全国各地"三社联动""五社联动"产生的亮点和特色也是适宜地区发展基础的体现。那么，这些有代表性的模式和类型，能够持续下去、未来闪光？这些模式和类型，能否在其他地区得以实现或如期成功？恐怕在本土化的过程中，还要结合当地经济社会实际与"三社"主体发展情况来综合考虑，"水土相符"。

上述这些问题，有个性也有共性。有些是全国普遍性问题，如资金投入少、资源分配不优、社工专业人才数量不足等，经济发达地区与欠发达地区差异较大，有些问题的独特性表现较强。调研发现，"三社联动"机制运行如与社区实际不匹配，势必会衍生出各种各样的风险和新问题。检验"三社联动"运行成效，不应简单地对工作开展、体制机制建立、工作平台搭建、活动场所提供等硬件条件做出定性评价，也不能仅依靠政府资金投入、社会组织数量、专业人才队伍数量和服务类型做出定量评价，而更应该把社区居民是否需要、是否参与、是否受益、是否满意，作为评价的首要指标和终极标准。

第六章　提升"三社联动"的对策思考

"三社联动"作为推动社区治理与服务创新的新路径，是回归社会本位的过程。当前，针对"三社联动"机制发展瓶颈，要围绕如何"联"起来、怎么"动"起来、怎样"活"起来等核心问题，聚焦共建共治共享的"同心圆"、为其保驾护航的体制机制创新，以及推进"三社"等主体成熟发展，进而有效激活社区发展活力。

一、聚焦党建引领社区治理动力主轴

习近平总书记强调："把社区作为民族团结进步创建的重要阵地，发扬各族人民手拉手、心连心的好传统，共同建设民族团结一家亲的和谐家园。社区治理得好不好，关键在基层党组织、在广大党员，要把基层党组织这个战斗堡垒建得更强，发挥社区党员、干部先锋模范作用，健全基层党组织领导的基层群众自治机制，把社区工作做到位做到家，在办好一件件老百姓操心事、烦心事中提升群众获得感、幸福感、安全感。"[①] 社区党组织直面群众，承担着将党的路线、方针、政策落实在基层的重要责任，是社区事务的主要领导者和居民利益的代表者，更是激活社会发展活力的重要阵地和组织载体。近年来，有效开展基层社会治理与社区建设的城市，无不体现着"党建＋基层治理"的深入融合，这能深刻反映出加强党建引领确实能够起到良好的促进与带动作用。因而，加强和创新社区治理，必

---

① 《坚持以人民为中心深化改革开放 深入推进青藏高原生态保护和高质量发展》，《人民日报》2021年6月10日第1版。

须将基层党组织建设深入"三社联动"工作之中。

完善"市委领、区委统、街道联、社区拢"基层党建四级联动体系。立足破解基层治理"小马拉大车"的困境,坚持问题导向、目标导向、效果导向,牵引职权向街道社区下放、力量向街道社区下沉、资源向街道社区集聚,夯实"三社联动"根基。市级层面,党委要履行抓城市基层党建工作主体责任,把准居民需求和"三社联动"服务发展方向,建立健全相应制度机制,制定完善工作标准,抓好规划指导。县区级层面,党委强化区域统筹,履行抓基层党建工作的第一责任,发挥"一线指挥部"作用;通过谋划工作思路,落实工作举措,完善制度体系,协调督导推进,优化资源配置,强化保障支撑,推动市委决策部署落实落地。街道层面,党工委强化统筹"三社"主体联动。街道党工委作为履行抓城市基层党建工作的直接责任,总揽区域全局、协调各方力量,统筹推进区域化党建,具体落实党建任务,集中精力抓党建、抓治理、抓服务。通过网格内的片区型党组织网络,整合社区党建资源,用党的资源来撬动、聚合和用好社会资源,确保社区党建工作经费和服务群众专项经费下沉到社区,把"三社联动"权力、资源、管理、服务的重心放在基层。社区层面,要强化社区党组织服务聚拢功能。履行抓"党建 + 社区治理"的具体责任,发挥"战斗堡垒"作用,认真落实上级各项任务要求,全面领导辖区内小微企业、社会组织、群众团体,服务社区群众,建设美好家园。

开展区域化党建联建共建,将党组织意图融入"三社联动"社区服务之中,推进基层党建整体融合。在横向上,建立驻区单位共同参与城市基层治理的联席会议机制和协调运转机制,整合驻区单位资源优势,共同研究讨论区域内事项。围绕基层"需求清单"、单位"资源清单"和共建"项目清单",签订共建协议,以项目化形式推进双向服务、议事协商、服务协调等工作制度,共商社区服务事项,实现组织和服务引领。在纵向上,健全"街道党工委 + 社区党组织 + 小区党支部"的组织体系,吸引辖区内党建资源进驻社区、扎根基层,吸收共建单位、业委会、物业服务企业、骨干"两新"组织等党员负责人，共建单位、业委会、物业服务企业、骨干"两新"组织等党员负责人，通过兼职、联席、共商等方式，商讨辖区内民生事项，解决社区治理难题。此外，还可以实现对社会组织党建工作的兜底管理，确保社会组织发展方向不偏、服务目标更准。在网格中，建立健全"社区党组织—网格党支部（党小组）—党员联系户"的党组织体系，组织党员到居住地社区报到，认领社区服务岗位，常态化参与基层治理、长效化联系服务群众，切实解决问题。在社区定期组织的社区组织生活、主题党日、志愿服务等活动中，发挥党员带头作用，使之当好政策宣传员、居民服务员、民意调查员，力所能及为群众解决实际困难。充分发挥退休党员政治优势、经验优势、威望优势，组织经验丰富的老党员，积极参加养老服务、物业管理服务和化解矛盾、维护稳定等工作，使其奉献爱心、发挥余热，力所能及帮助社区解决困难和问题，助力社区治理水平提升。

持续加大强街赋能工作力度，夯实街道、社区党组织建设。通过街道管理体制改革，推动街道职责准入，将直接面向群众、街道能够承接的服务事项依法下放，上级部门不得随意转嫁工作责任，切实推进基层减负增效。社区不再作为行政执法、环境整治、城市管理、安全生产等事项的责任主体。赋予街道党工委职责职权。区直部门派驻街道人员由街道党工委进行考核，人事调整要征求街道党工委意见。职能部门下沉街道的事项，须做到权随事转、人随事转、费随事转。健全考核评价体系，区委、区政府对街道统一进行检查考核，职能部门不对街道、社区直接考核，严格控制"一票否决"事项。

二、优化"三社联动"整体推进策略

治国安邦重在基层。习近平总书记指出，人民幸福安康是推动高质量发展的最终目的。基层治理和民生保障事关人民群众切身利益，是促进共同富裕、打造高品质生活的基础性工程。[①] 回望历史，各项工作最坚实的力量支撑在基层，最突出的矛盾和问题也在基层，必须把抓基层、打基础作为长远之计和固本之策。[②]

高位推动科学化。各级政府作为推动"三社联动"工作的主导力量，要明确自身角色定位，立足打造共建共治共享的社会治理格局，建立科学的基层社会治理工作推进体系和联动服务机构（办公室）。通过制定经济社会发展规划，推进未来五年的社区建设与治理工作；召开高规格会议，强化顶层设计、高位推动；围绕中办、国办下发的政策文件，将社区、社会组织、社会工作者、志愿者和社会慈善资源等整体纳入制度设计，明确各主体、各要素的属性与地位，在制度层面解决联结动能问题，给予地方政府以指导和参考。明确"三社联动"服务的具体方案、工作要求和保障措施，用有广度、有深度、有高度和有精度的举措，实现服务社区居民零距离。建立定期听取社区治理创新情况汇报制度，科学决策、统筹推进，将社区治理效能作为主要领导和分管领导干部考评参考。

建设思路系统化。从实际出发，在整体思路上，要聚焦"三个结合"，即顶层设计与基层实践相结合、居民需求与实施项目相结合、专业引领与聚力支撑相结合。建立健全党委、政府统一领导，群团组织密切配合，社会力量协同参与的社区治理工作格局；打破传统思维惯性，撬动主体活力及释放自治空间。建立重大民生事项的民主恳谈会、民主议事会等形式，完善基层组织联系群众制度，增强了群众对决策的参与度、认可度和支持度。推广社区居民代表会议制度，由社区全体居民选举产生社区居民代表，当选的居民代表同时兼任居民小组长、平安网格长，社区居民代表会议具有审议决定涉及群众福利事务、社区建设事务等职能，实现涉民事务由行政包办向居民自决转型。

---

① 《牢牢把握高质量发展这个首要任务》，《人民日报》2023 年 3 月 6 日第 1 版。

② 李德旺. 从"以例释理"迈向"由例到理"[J]. 人民法治，2019（2）.

创新推进项目化。要通过项目化推进的方式，确定"三社联动"创新试点项目，由市县区和行业部门申报，省财政匹配试点经费，培育基层社会治理增长点。调研发现，黑龙江省累计培育基层社会治理创新项目130个，涵盖了特殊人群服务管理、矛盾纠纷多元化解、治安防控体系建设、基层法治体系建设、群防群治、社区"三治"、德治体系培育等各个方面。调研发现，通过创新试点，黑龙江省穆棱市"五早五小"、大庆市诉调对接平台建设、伊春市居民自治、嘉荫县青少年违法犯罪预防、让胡路区出租房屋"二维码"管理等一大批基层社会治理经验得到了推广，极大提升了全省基层社会治理能力和水平。

参与格局扁平化。"三社联动"机制的构建旨在调动社会力量积极性，使之有效参与基层社会各项活动，并展开相应的对接服务，形成治理合力。要大力孵化、培育和发展各类社会组织，加强社会工作专业队伍建设，通过政策引导和项目引入等，多渠道搭建共治平台，营造良好的制度环境。要建立街道（乡镇）和社工机构的联动工作平台，加强专业社会工作者的理念引领，通过专业学习和技能提升，增强其专业引领力，既可以使"三社联动"机制体现出精准对接优势，又能带动形成"社工＋社区工作者＋志愿者"协同机制，形成社区行政力量、社会力量和专业力量有机结合。目前，社会组织和社工机构之间仅可称之为"有连接点"的接触，要克服集体行动困境，构建多中心协同治理网络。因而，各主体要发挥长处形成优势主导型伙伴关系。此外，也要通过需求与服务的精准对接，增强社区居民参与度，这也是促使"三社联动"深度发展的关键。

三、加大"三社联动"制度创新力度

"三社联动"的有序开展，离不开健全的政策法规和制度体系。政府作为社区建设的主导者、推动者，要树立服务型政府理念，聚焦"目标协同、原则协同、渠道协同"，以社区治理规划者、社区组织指导者的姿态，向社会让渡自治空间，完善"三社联动"制度设计，有效激发不同利益相关者的积极性，鼓励和支持社会组织、社会工作者、志愿者、各类慈善资源等融入社区。

建立联席会议制度。要建立由街道办事处、社区、社会组织、专业社工机构、驻街单位、社区居民带包等共同参加的联席会议制度。围绕"三社联动"的服务内容、资源配置、项目开展和人资保障等问题，定期做好议事协商、调查研究、横向交流、情况通报。要形成"民意收集—立项办事—活动联席—需求反馈—评估问效"的有效链条，动态化调整服务方向。从制度创制上，促使联席会议成员共谋发展思路、共商服务内容、共享信息资源。要完善常态化运行机制。实行例会制，如街道"大工委"会议、社区"大党委"会议每季度至少召开一次，遇重要情况时随时召开；分别由街道"大工委"和社区"大党委"第一书记负责召集和主持，日常运行分别由街道党工委书记、社区党组织书记负责。从运行机制上，确保"联动"活起来、执行起来。

加强组织联建制度。"三社联动"的良好氛围营造离不开为社区减负和赋权。要发挥社区的平台载体作用，切实为社区减负。深入开展社区居委会"去行政化"工作，释放自治空间，为社区、社会组织和社会工作者的联动与合作，营造良好工作环境。只有这样，开展社区管理、矛盾调解、协商议事、治安联防等工作，才能充分激发社会组织、行业组织、志愿者等的活力。因而，从这个意义上讲，为社区减负与赋权是促使"三社"联动起来的前提。要在此基础上，建立专业性行业性工作委员会，完善社区协商议事委员会，促进"三社"角色归位、行动并进。此外，还要依托政府购买服务、项目制和公益创投等手段，同步建立服务联办制度，发挥各参与主体优势，以赋权促进联动，以增能提升水平。

完善信息联通制度。要破解信息孤岛现象，以公共数据资源共享，实现数据横向融通和信息共用。完善"市—区—街道—社区"四级社区服务信息互联互通制度，为多元治理主体能够有效掌握需求动态、服务供给、资源配置和运行动态提供智慧支持，实现社区、社会组织、专业社工、慈善资源、服务对象之间互动的信息化、智能化管理，让社区服务供给与社区居民需求无缝对接，信息掌握"零时差"。

四、凸显"三社联动"多元主体功能

"三社联动"的根本是要回归社区"本位"，去除居委会行政化，促进居民自治。社区作为"三社联动"的服务平台，应与时俱进地将职能定位在服务居民和发展社区能力上，凸显多样化资源的整合作用，推动社区由碎片化走向整合、从地域共同体走向精神共同体，最终走向情感共同体。[①]

社区既是平台，也是主体。社区干部和工作人员真正融入社区居民生活环境中。社区党组织要发挥引领作用，聚焦社区居民的实际需要，解决"急、难、愁、盼、怨"等民生问题，搭建好专业化、精准化、智能化服务平台。基层政府和派出机构，要由过去大包大揽的传统社区管理思维转向赋权增能的现代治理思维。通过让税、让利、补贴等优惠政策或放权、让渡发展空间等手段，培育孵化社区社会组织、引导专业社工机构及志愿者入驻社区，使各类参与主体既能承担为政府分担重任，又能整合社会资源。通过项目制或特定委托制方式，扩大服务项目的内涵和实效，促进其更加贴近居民生活、走入社区、走向成熟。要不断完善社区公共服务发展中心的"一站式""智能化"服务环境，以改革促突破，将党建工作、社会保障、民政服务、流动人口管理等服务项目，统一纳入智慧化服务平台。要规范各项规章制度管理，强化一人一岗专责制，实行一站式受理、一站式办结、全天候服务。向社区居民提供线上和线下相结合的政策宣传，民

① 徐选国，徐永祥.基层社会治理中的"三社联动"：内涵、机制及其实践逻辑——基于深圳市H社区的探索[J].社会科学，2016（7）：87-96.

政优抚、社会保障、生活便民、为老助老和法律援助等服务。此外，还要强化干部服务群众的责任意识和服务意识，夯实强劲有力的社区群众基础，让社区居民真正感受到"三社联动"带来的便利和高效服务，以增强社区居民和其他多元主体的主动参与性和心理认同感。

提高社会组织承载能力。社会组织作为社区服务的主要提供者，其立足之本在于提供专业化服务，满足服务对象的多样化需求，承接政府想做又做不好的项目。针对社会组织发育不足、行政色彩浓厚等现象，要加大对社会组织的专项扶持力度。通过深化社会组织管理制度改革，降低社会组织准入门槛，对专业社工机构给予政策扶持、财政补贴、税收优惠等专项扶持手段，加速社会组织对政府依赖的"松绑"进程；通过政府购买服务、公益创投和社会组织认领服务事项等创新举措，促进社会组织直接参与社区服务，使之成为服务社区"一老一小"、妇女、残障人员的重要力量，在社区协商、公益慈善、志愿服务、社区治理等方面更好发挥作用；通过品牌引领，服务项目化运作、契约化管理的工作方式，明确政府、社区、社会组织和社工在项目实施中的权责，促进社会组织通过项目联系、资源共享、融合发展参与社区服务。针对社会组织承载力不足等问题，要完善社会组织内部治理结构和规章制度，加强社会统筹能力和培育管理工作。强化社会组织信息公开、年度检查、随机抽查、工作约谈和重大事项报告等监管措施，引入第三方评估及信用评价体系，促进社会组织在机构设置、内部管理、业务活动等方面规范。重点加强社会组织党建工作，严格社会组织内部制度管理和财务管理，提高其参与社区治理的公信力。针对社区内人民调解、法律援助类等社会组织较少情况，要加大对此类社会组织的孵化培育力度，引导其快速成长。如可借鉴大庆市人民调解中心和哈尔滨南岗民政局"家＋和"巾帼婚姻工作坊的做法，发挥社会组织、群团组织和婚姻调解志愿者的能动作用，创新基层婚姻家庭调解工作格局。此外，还要加大专项资金持续投入力度，在初期帮助社会组织孵化中心或社会工作服务中心发展起来，为社会组织提供规范性建设指导、专业性方向引领和全方位帮助，解决联动中出现的矛盾，提高组织化程度。

强化社工专业力量。推进"三社联动"工作离不开社区工作者、专业社工的有效参与，其机制运行好坏与社区工作者、专业社工的能力素质有着重要关联。要以社区居民需求为导向，按照"社会化、专业化、科学化、多样化"的原则，面向社会招聘专职的社区工作人员，并严格把关相应的学历水平、工作经历、专业技能等，确保社区一线工作者常怀责任心、专业度和服务热情。避免为取得基层两年工作经历而来、缓解就业或学业压力而入。通过职业培训、在职深造、实践历练、畅通晋升通道、完善激励保障等措施，激发社区工作者工作热情。要有针对性地对现存社区工作人员进行结构优化和能力提升，强化社区工作者职业体系建设。目前，经济欠发达地区城市大部分社区工作人员的年龄结构还是以中老年为主，持有社区工作者职业证书的大学毕业生数量明显不足，要逐步变革为老中青梯度结合的人才体系模式，加强社区后备干部的储备培养工作，重点加大对高校社工专业毕业生的招聘力度，发挥其在知识积累、专业技能和学习能力方面的优势。特别是，要借助当地高等院校开设社工专业、培养专业社工人才的得天独厚优势，引导社工专业学生在社区实习，加强初级社工人才储备和向专业社工组织输送后备人才的力度。落实对于持有资格证书上岗的社区工作人员的福利待遇和补贴政策，从制度完善和提高薪酬激励层面，提高社区工作人员工作素质、专业水平和服务能力，推动社区专业社工职业化、专业化发展。在薪资待遇上，可借鉴经济发达地区成熟经验，建立岗位等级和绩效考核相衔接的社区工作者薪酬制度体系，优化"基础补贴＋工作津贴＋职业水平津贴＋绩效补贴＋社会保险补贴"的待遇结构，吸引专业社会工作人才涌向社区工作岗位。此外，还要注重发挥志愿者的作用，将其融入"三社联动"工作中，通过社区工作者＋专业社工＋义工（或志愿者）之间的专业合作、共同成长，协力提升社区社会工作水平。

五、整合"三社联动"协同互动机制

城市社区多元治理主体的相互作用与关联，需要机制的带动和牵引。此项实践伊始，便以"机制"建设为核心，找到协同点、形成协同度，通过各主体间交互作用，来进一步提升社区治理效能。而不仅仅限于发挥社区的基础平台作用、社区社会组织的服务载体作用和社会工作者专业支撑作用。因而，要充分考虑社区居民需求、社会组织承接力、社工机构执行力、志愿者参与度、社会慈善资源落地等，健全社区治理体制，完善社区公共服务体系，丰富多元治理主体融合形式。

建立领导挂帅、分工负责的管理工作机制。要优化领导体制，发挥政府推力作用，细化指导文件内容，包括建立领导机构和制定实施方案。街道"大工委"、社区"大党委"要确定议事范围，议事决策采取大事共议、实事共办、要事共决的机制。会议议题一般围绕职责任务，结合基层治理和服务群众等工作提出，成员单位可根据实际工作情况，提出具体议题内容，在征询委员意见后确定。成员单位党组织之间要充分沟通协商，并充分征求辖区党员和居民代表的意见建议。

建立规范有序、通力配合的合作融合机制。"三社联动"的最终目标，是通过平台搭建和机制建立，有步骤、有策略地推动社区居民融入社区，提升社区归属感；调动居民从"被动参与"变为"主动参与"，以共建共治共享拓展社区生活新局面。而其中所涉及的领域和范畴来自方方面面，亟须多元主体的积极参与和通力配合。主体间要形成横向合作机制。要在顶层制度设计中，厘清社区、社会组织、专业社工的角色功能、职责权限和主导优势，详细界定各自拥有的资源和可提供的服务事项，使之不越位、不冲突。如前所述，目前"三社"主体面临的最大问题是多元主体的主动参与意识较弱，此时若缺少政府推动、街道"牵头"，"三社"很难协同、更难联动。因此，还要拓宽除"三社"之外其他社会力量的参与面，形成政府、居民委员会、社区居民等积极参与的社区治理架构，建立社区民主协商制度和共谋发展机制，这同样也是实现多元主体横向合作机制的重要形式。由此可见，通过建立多元治理主体横向合作机制，可以使"三社"主体，在社区治理结构上嵌入、功能上互补、行动上协调和资源上整合。部门间要健全纵向协同机制。市、区和街道等不同层级部门的支持、推动、权力行使和财政资源注入，使"三社联动"机制得以有效运行。要进一步细化权责归属，涉及社区事务的各职能部门要熟悉"三社联动"的实施机制，明确本级部门的垂直领导机构，避免出现多头指挥和联合指挥。特别是，要加强政府职能部门进社区，建立"大社区"服务体系。当前，"三社联动"工作主要由民政部门具体指导，其他有关部门也要积极配合，形成由"三社"主体具体实施、社会公众广泛参与的工作机制。要建立跨部门的关系协调机制和资源共享机制，协调交换数据空间，打造数据资源沟通网，解决信息不对称问题，为社区居民提供更多样化、更精准化服务。

建立需求发现、精准对接的表达识别机制。当前，社区居民的公共服务需求专业性、复杂性、差异性和动态性特征，尤为明显。这也进一步加剧了与社区服务资源有限性之间的矛盾[①]。而科学、合理地设计社区居民服务需求的发现、识别或征询机制，是实现"三社联动"服务到位和服务精准的前提条件。"三社联动"中多方资源的有效整合和优化配置，依赖于服务项目的确立，开始于社区居民的需求识别。要积极引导社会力量协商参与社区事务，畅通居民需求的表达渠道，如通过社区业主代表大会、"社区事，大家说"等载体，吸引以社区居民为主体的多方力量参与议事协商，完善居民需求发现和征询机制，确定具有共性需求的紧迫项目，并与有承接能力的社会组织进行需求和资源的匹配对接，找到多方利益的最大公约数，进而科学投入和合理配置优势资源。此外，还可引入第三方评估机构，精准评估服务事项，确保服务项目不走偏；或是通过向第三方购

---

① 曹海军，薛喆. 政府向社会力量购买服务的三个阶段分析 [J]. 中国行政管理，2018（8）：41-45.

买调查服务等方式，借助社会组织和高等院校社会工作专业学生等力量，开展"问需于民"的居民需求调研活动，有针对性地筹集社会资源，汇集到社区服务平台，实现社区服务资源供给与社区居民需求的精准有效对接。由此可见，有机整合相关主体的优势资源，特别是要让专业的组织和人员提供专业的服务和指导，使"三社联动"服务资源的整合更加精密、投放更有效率、使用更有效能。要提高"三社联动"服务项目与居民需求的契合性。社区居民参与"三社联动"的积极性受到多种因素的影响。通常与以下两个关键因素呈现出高度正相关关系："三社联动"服务项目与居民需求和利益诉求的相关度；居民对社区的认同感和归属感。要想让社区居民积极热衷参与"三社联动"，最根本的途径是从上述两个因素入手，增强居民与社区的利益相关度和认同感。"三社联动"服务项目的产生应是以社区居民需求为导向，由社区自治组织发现并通过社区协商制度和社区议事程序凝练而成。整个服务项目的产生过程必须充分体现社区居民意志，反映居民利益诉求，由社区居民代表全程参与，经过集体协商的合法程序而形成的民主化"成果"。因此，要想让社区居民和社区社会组织由原来的被动执行转变为主动参与，就必须真正还权于民，推行"民事民议、民事民办、民事民管"的自治模式，真正实现社区的事由社区居民做主。

四是建立文化自信、聚力提升的社区认同机制。统筹规划社区文化策略对维护社区和谐生态的推动作用；发挥老党员、新乡贤等人在源头化解社会矛盾的积极作用。要营造社区发展利益与居民利益休戚相关的氛围。将社区居民个人切身利益与社区发展利益捆绑在一起，不是仅靠宣传教育就能实现的，还需要在大量的社区服务活动中凝聚认识、密切联系、相互融合，最终形成共同体意识，这是个潜移默化的漫长过程。可以说，社区居民主动积极参与社区事务很大程度上是居民内心建构的共性使然，是居民在社区责任、使命感、共同目标和发展愿景等层面的培养塑造过程，"三社联动"机制就是实现这一过程的重要途径。此外，还要着重发现并培养社区居民自治的精英群体和热心志愿者等。

五是建立清晰明确、动态管理的绩效评估机制。评判基层社会治理效能如何需要一整套完备的考核机制。要在谋划治理思路、设定治理任务、规划治理路径的基础上，严格落实目标考评措施，创新实施社会治理"动态双评估"制度，有效提升社会治理效能。要加强对"三社联动"服务的居民满意度评价与反馈。"三社联动"服务效果的好坏还是由其服务对象说了算，这也是"三社联动"是否服务到位、服务到居民心坎里和点子上的"试金石"。具体来讲，一要明确重点评估内容。"三社联动"过程和实效的评估不可能面面俱到，较为现实的选择是，根据城市社区客观实际，围绕社区居民的需求和意愿，有针对性地确立评估的重点领域和内容。如在"三社联动"发展初期，应在"三社"主体联动状态、政府购买公共服务、社会组织孵化培育、社会服务项目化、社区服务项目、社工人才培养方面进行重点的系统评估和量化考核，最终把社区居民是否满意作为服务成效好坏和水平高低的根本评价标准，建立对应的纠偏机制和激励机制，增强"三社"服务动力。二要细化评价标准。设计一个有效、科学的评价标准体系难度很大，特别是"三社联动"的实效评价不能单纯考虑"投入—产出""成本—收益"等经济效益，更多应注重社会效益和治理效能，有些指标也不易或不能实现量化对比。但可以确定的是，建立以社区居民满意度为核心的服务购买评价体系是最根本、最直观有效的。三要做好反馈评估。可从购买者、承接者、使用者、评估者四个角度，围绕投入成本、效率、社会公正和居民满意度四个维度进行指标设计和测量。将基层政府（购买方）、社会组织（承接方）、社工团队（服务递送方）、社区居民（受益方）作为评估主体，分别根据自身需求、利益诉求和行动目标，设计购买服务实效的评价指标和标准，并以各方资源禀赋为基础，发挥评估的专业性，以专业性评估推动专业服务展开。为了确保评估的全面性，既要有政府实施的考核评价，也要引入专业力量实施第三方评价。此外，还可由社区居委会建立"三社联动"服务项目自评，定期召开项目评估会，有针对性地对项目进行分析研究，加强项目集中分析研判，确保项目设计专业化和项目实施效果与群众需求的"最高匹配",得到居民的充分认可。只有为社区居民办好事、办实事,解决难事和急事,带来看得见的实惠和效益,才会在人民群众中产生较大的示范作用和吸引效果,才能激发社区居民主动参与"三社联动"服务的热情和意愿。这也是今后推进"五社联动"的重要基础。

参考文献

[1] 曹海军．"三社联动"的社区治理与服务创新——基于治理结构与运行机制的探索 [J]．行政论坛，2017（3）．

[2] 曹海军，薛喆．"三社联动"机制下政府向社会力量购买服务的三个阶段分析 [J]．中国行政管理，2018（8）．

[3] 曹海军，吴兆飞．社区治理和服务视野下的三社联动：生成逻辑、运行机制与路径优化 [J]．华南师范大学学报（社会科学版），2017（6）．

[4] 陈炳辉，王菁．"社区再造"的原则与战略——新公共管理下的城市社区治理模式 [J]．行政论坛，2010（3）．

[5] 陈家建．法团主义与当代中国社会 [J]．社会学研究，2010（2）．

[6] 陈家喜．反思中国城市社区治理结构——基于合作治理的理论视角 [J]．武汉大学学报（哲学社会科学版），2015（1）．

[7] 陈家喜，林电锋．城市社区协商治理模式的实践探索与理论反思——深圳南山区"一核多元"社区治理创新观察 [J]．社会治理，2015（1）．

[8] 陈丽，冯新转．"三社联动"与社区管理创新：江苏个案 [J]．重庆社会科学，2012（2）．

[9] 陈平．"吸纳型治理"：社会组织融入城市社区治理的路径选择 [J]．理论导刊，2019（2）．

[10] 陈朋．互惠式治理：社区治理的日常运作逻辑 [J]．江苏社会科学，2014（5）．

[11] 陈潭．第三方治理：理论范式与实践逻辑 [J]．政治学研究，2017（1）．

[12] 陈伟东．社区行动者逻辑：破解社区治理难题 [J]．政治学研究，2018（1）．

[13] 陈伟东，吴岚波．从嵌入到融入：社区三社联动发展趋势研究 [J]．中州学刊，2019（1）．

[14] 程镝，董芮彤．新时代城市社区多元主体治理协同度评价研究——基于 H 市 S 社区的实证调查 [J]．行政论坛，2022，29（6）．

[15] 邓国胜，辛华．美国志愿服务的制度设计及启示 [J]．社会科学辑刊，2017（1）．

[16] 董小燕．公共领域与城市社区自治 [M]．北京：社会科学文献出版社，2010.

[17] 方亚琴，夏建中．社区治理中的社会资本培育 [J]．中国社会科学，2019（7）．

[18] 方舒．协同治理视角下"三社联动"的实践反思与理论重构 [J]．甘肃社会科学，2020（2）．

[19] 费孝通．居民自治：中国城市社区建设的新目标 [J]．江海学刊，2002（3）．

[20] 付万杰，肖顺，章蕾，黄悦．五社联动下智慧社区建设模式探究——以合肥市试点社区为例 [J]．劳动保障世界，2020（12）．

[21] 高红．社区社会组织与城市基层合作治理 [M]．北京：人民出版社，2016.

[22] 龚维斌，马福云，张林江．中国社会治理研究 [M]．北京：社会科学文献出版社，2014.

[23] 顾东辉．三社联动的内涵解构与逻辑演绎 [J]．学海，2016（3）．

[24] 弗朗西斯·福山．国家构建：21 世纪的国家治理与世界秩序 [M]．黄胜强，许铭原，译．北京：社会科学文献出版社，2007.

[25] 黄宗智．集权的简约治理——中国以准官员和纠纷解决为主的半正式基层行政 [J]．开放时代，2008（2）．

[26] 何海兵．我国城市基层社会管理体制的变迁：从单位制、街居制到社区制 [J]．管理世界，2003（6）．

[27] 侯俊．"三社"联动配套服务，农村社会化服务的新路子 [J]．河北农业

科技，1992（6）.

[28] 湖北省民政厅课题组，孟志强."五社联动"助推基层治理体系和治理能力现代化 [J]. 中国民政，2021（17）.

[29] 黄晴，刘华兴.治理术视域下的社区治理与政府角色重构：英国社区治理经验与启示 [J]. 中国行政管理，2018（2）.

[30] 黄晓春，嵇欣.非协同治理与策略性应对——社会组织自主性研究的一个理论框架 [J]. 社会学研究，2014，29（6）.

[31] 黄晓春，嵇欣.技术治理的极限及其超越 [J]. 社会科学，2016（11）.

[32] 姜晓萍.国家治理现代化进程中的社会治理体制创新 [J]. 中国行政管理，2014（2）.

[33] 敬乂嘉.从购买服务到合作治理——政社合作的形态与发展 [J]. 中国行政管理，2014（7）.

[34] 李德.从"碎片化"到"整体性"：创新我国基层社会治理运行机制研究 [J]. 吉林大学社会科学学报，2016（5）.

[35] 李慧凤，许义平.社区合作治理实证研究 [M]. 北京：中国社会出版社，2009.

[36] 李强，陈孟萍.社区治理中基层政府与社会组织关系探讨——中国台湾M县"村里"与"社区发展协会"案例研究 [J]. 社会学评论，2018（4）.

[37] 李培林.社会改革与社会治理 [M]. 北京：社会科学文献出版社，2014.

[38] 李芮伟，雷杰."社区建设"概念的逻辑分析及社区社会工作介入的方向 [J]. 学习与实践，2007（12）.

[39] 李文静，时立蓉."社会自主联动"："三社联动"社区治理机制的完善路径 [J]. 探索，2016（6）.

[40] 李友梅.新时期加强社会组织建设研究 [M]. 北京：经济科学出版社，2016.

[41] 李友梅，肖瑛，黄晓春.当代中国社会建设的公共性困境及其超越 [J]. 中国社会科学，2012（4）.

[42] 刘春荣.国家介入与邻里社会资本的生成 [J]. 社会学研究，2007（2）.

[43] 戴维·维勒，主编.网络交换论 [M].刘军，译.重庆：重庆大学出版社，2014.

[44] 尼克·克罗斯利，著.走向关系社会学 [M].刘军，孙晓娥，译.上海：格致出版社，上海人民出版社，2018.

[45] 刘敏.社区治理模式创新：深圳经验 [M].北京：社会科学文献出版社，2022.

[46] 刘敏.志愿服务行政化问题探究 [J].理论导刊，2014（3）.

[47] 刘伟红.社区治理——基层组织运行机制研究 [M].上海：上海大学出版社，2010.

[48] 刘娴静.城市社区治理模式的比较及中国的选择 [J].社会主义研究，2006（2）.

[49] 吕青.创新社会管理的"三社联动"路径探析 [J].华东理工大学学报（社会科学版），2012（11）.

[50] 吕青，徐祥林.创新社会管理的社会工作路径：崇安社会工作体系建设探究 [M].上海：华东理工大学出版社，2012.

[51] 吕霄红，杨志民，齐权平."三社联动"社区实务模式：以呼和浩特市为例 [M].北京：社会科学文献出版社，2019.

[52] 卢汉龙.中国城市社区的治理模式 [J].上海行政学院学报，2004（1）.

[53] 内蒙古包头市昆区民政局.内蒙古包头市昆区："五位一体""五社联动"构建城市养老服务体系 [J].社会福利，2015（9）.

[54] 彭小兵，韦冬萍.激活民间社会活力："双循环"新发展格局的缘起、基础和治理 [J].重庆大学学报（社会科学版），2020，26（6）.

[55] 戚晓明.乡村振兴背景下农村环境治理的主体变迁与机制创新 [J].江苏社会科学，2018（9）.

[56] 渠敬东，周飞舟，应星.从总体支配到技术治理——基于中国 30 年改革经验的社会学分析 [J].中国社会科学，2009（6）.

[57] 任敏."五社联动"参与社区治理的三种模式及其共同特点 [J]. 中国社会工作，2021（10）.

[58] 任敏，胡鹏辉，郑先令."五社联动"的背景、内涵及优势探析 [J]. 中国社会工作，2021（3）.

[59] 任敏，吕江蕊."五社联动"中社区基金的探索与实践 [J]. 中国民政，2022（6）.

[60] 唐启明，著. 量化数据分析：通过社会研究检验想法 [M]. 任强，译. 北京：社会科学文献出版社，2018.

[61] 史云贵. 中国基层社会治理机制创新研究 [M]. 天津：天津人民出版社，2015.

[62] 石兵营，谭琪."三社联动"主体及角色再定位：基于社区治理视角 [J]. 社会工作，2017（1）.

[63] 宋道雷. 转型中国的社区治理：国家治理的基石 [J]. 复旦学报（社会科学版），2017（3）.

[64] 谭牧. 新时代提升城市社区治理能力研究 [J]. 科学社会主义，2021（2）.

[65] 田舒."三社联动"：破解社区治理困境的创新机制 [J]. 理论月刊，2016（4）.

[66] 田毅鹏，吕方. 单位社会的终结及其社会风险 [J]. 吉林大学社会科学学报，2009（11）.

[67] 田毅鹏. 城市社会管理网格化模式的定位及其未来 [J]. 学习与探索，2012（2）.

[68] 童星. 发展社区居家养老服务以应对老龄化 [J]. 探索与争鸣，2015（8）.

[69] 佟岩，刘娴静. 社区建设与社会治理创新 [M]. 北京：知识版权出版社，2015.

[70] 万亚伟，主编. 浙江社区社会工作案例选 [M]. 北京：中国社会出版社，2012.

[71] 王才章. 嵌入式共治："三社联动"中的政社关系——基于国内多个城

市实践的分析 [J]. 地方治理研究，2019（4）.

[72] 王敬尧. 参与式治理——中国社区建设实证研究 [M]. 北京：中国社会科学出版社，2006.

[73] 王名. 走向公民社会——我国社会组织发展的历史及趋势 [J]. 吉林大学社会科学学报，2009，49（3）.

[74] 王名. 治理创新中国在政社分开 [J]. 人民论坛，2014（10）.

[75] 王浦劬. 国家治理、政府治理和社会治理的基本含义及其相互关系辨析 [J]. 社会学评论，2014，2（3）.

[76] 王思斌. 社会工作概论 [M]. 北京：高等教育出版社，2006.

[77] 王思斌. 中国社会工作的嵌入性发展 [J]. 社会科学战线，2011（2）.

[78] 王思斌. 试论社会工作对社会管理的协同作用 [J]. 东岳论丛，2012（1）.

[79] 王思斌. "三社联动"的逻辑与类型 [J]. 中国社会工作，2016（2）.

[80] 王思斌. "三社联动"实践与社会治理创新和社区建设 [J]. 清华社会学评论，2017（6）.

[81] 王晓东. 民族地区城市社区"三社联动"机制研究 [M]. 北京：中国经济出版社，2021.

[82] 魏礼群. 创新社会治理体制 [M]. 北京：北京师范大学出版社，2014.

[83] 魏礼群. 党的十八大以来社会治理的新进展 [R]. 北京师范大学中国社会管理研究院，2017.

[84] 魏娜. 我国城市社区治理模式：发展演变与制度创新 [J]. 中国人民大学学报，2003（1）.

[85] 文军. 中国社会组织发展的角色困境及其出路 [J]. 江苏行政学院学报，2012（1）.

[86] 吴群刚，孙志祥. 中国式社区治理 [M]. 北京：中国社会出版社，2011.

[87] 夏建中. 中国式城市社区治理结构研究 [M]. 北京：中国社会出版社，2011.

[88] 肖唐镖，谢菁. "三社联动"机制：理论基础与实践绩效——对于我

国城市社区建设一项经验的分析 [J]. 地方治理研究，2017（1）.

[89] 谢建社，朱明. 构建和谐社区的社会学思考 [J]. 广东行政学院学报，2007（2）.

[90] 谢泽宪. 行政化倾向，发展社会志愿服务的主要障碍——上海市浦东新区社区志愿服务的调查与思考 [J]. 社会，2003（1）.

[91] 徐道稳. 社区基金："五社联动"中的社会创新 [J]. 中国社会工作，2022（10）.

[92] 徐富海. "三社联动"如何"联"如何"动"？[J]. 中国民政，2015（12）.

[93] 徐选国. 社会理性与城市基层治理社会化的视角转换——基于上海梅村"三社联动"实践 [J]. 社会建设，2017，4（16）.

[94] 徐选国，徐永祥. 基层社会治理中的"三社联动"：内涵、机制及其实践逻辑——基于深圳市 H 社区的探索 [J]. 社会科学，2016（7）.

[95] 徐永祥. 政社分开与合作：社区建设体制改革与创新研究 [J]. 东南学术，2006（6）.

[96] 徐永祥，曹国慧. "三社联动"历史实践与概念辨析 [J]. 云南师范大学学报（哲学社会科学版），2016（3）.

[97] 徐永祥，孙莹. 社区工作 [M]. 北京：高等教育出版社，2014.

[98] 徐云，鲍风亮. 浅析社区社会工作的专业化 [J]. 社会工作，2009（11）.

[99] 许亚敏. 社区社会组织发展及参与社区治理的路径研究 [J]. 领导科学，2020（12）.

[100] 许亚敏. 深化"三社联动"机制建设的基本思路、框架设计与推进策略 [J]. 中国民政，2020（10）.

[101] 燕继荣. 协同治理：社会管理创新真理道——基于国家与社会关系的理论思考 [J]. 中国行政管理，2013（2）.

[102] 燕继荣. 社会变迁与社会治理——社会治理的理论解释 [J]. 北京大学学报（哲学社会科学版），2017（5）.

[103] 燕继荣. 国家治理及其改革 [M]. 北京：北京大学出版社，2015.

[104] 颜克高，唐婷.名实分离：城市社区"三社联动"的执行偏差——基于 10 个典型社区的多案例分析 [J].湖南大学学报（社会科学版），2021，35（2）.

[105] 闫学芬，韩建民.服务型政府视域下优化"三社联动"机制问题探讨 [J].理论导刊，2016（12）.

[106] 闫臻.共生型社区治理的制度框架与模式建构——以天津 KC 社区三社联动为例 [J].中国行政管理，2019（7）.

[107] 闫臻.嵌入社区治理中的专业社会工作介入——以天津 KC 社区为例 [J].华东理工大学学报，2016（1）.

[108] 杨贵华.社区、社会组织、社会工作"三社联动"助力基层社会服务和社会治理研究——基于厦门市的调研 [J].发展研究，2015（11）.

[109] 杨敏.作为国家治理单元的社区——对城市社区建设运动过程中居民社区参与和社区认知的个案研究 [J].社会学研究，2007（4）.

[110] 杨善华，主编.当代西方社会学理论 [M].北京：北京大学出版社，2005.

[111] 叶南科，陈金城.我国"三社联动"模式选择与策略研究 [J].南京社会科学，2010（12）.

[112] 叶笑云，许义平，李慧凤.社区协同治理——招宝山街道基层社会治理模式研究 [M].杭州：浙江大学出版社，2015.

[113] 俞可平，主编.治理与善治 [M].北京：社会科学文献出版社，2000.

[114] 俞可平.中国公民社会的兴起与治理的变迁 [M].北京：社会科学文献出版社，2002 年版.

[115] 俞可平.中国的治理变迁（1978—2018）[M].北京：社会科学文献出版社，2018.

[116] 俞可平.走向善治：国家治理现代化的中国方案 [M].北京：中国文史出版社，2016.

[117] 原珂."三社协同"的社区治理与服务创新——以"项目"为纽带的

协同实践 [J]. 理论探索，2017（9）.

[118] 原珂，赵建玲 . "五社"联动助力基层社会治理共同体建设 [J]. 河南社会科学，2022，30（4）.

[119] 张必春，许宝君 . 整体性治理：基层社会治理的方向和路径——兼析湖北省武汉市武昌区基层治理 [J]. 河南大学学报，2018（11）.

[120] 张华林 . 加快推进社区、社会组织、社工"三社联动"的对策思考 [J]. 中国民政，2011（6）.

[121] 张文宏，阮丹青 . 城乡居民的社会支持网 [J]. 社会学研究，1999（3）.

[122] 张帆 . 社区志愿服务的"麦当劳化"及其走向 [J]. 兰州学刊，2020（8）.

[123] 张静 . 反应性理政 [J]. 经济社会体制比较，2010（6）.

[124] 张康之 . 合作治理是社会治理变革的归宿 [J]. 社会科学研究，2012（3）.

[125] 郑杭生，黄家亮 . 当前我国社会管理和社区治理的新趋势 [J]. 甘肃社会科学，2012（6）.

[126] 周红云 . 社会治理 [M]. 北京：中央编译出版社，2015.

[127] 朱健刚，陈安娜 . 嵌入中的专业社会工作与街区权力关系——对一个政府购买服务项目的个案分析 [J]. 社会学研究，2013，28（1）.

[128] 朱仁显，邬文英 . 从网格管理到合作共治——转型期我国社区治理模式路径演进分析 [J]. 厦门大学学报（哲学社会科学版），2014（1）.

[129] 竺乾威，朱春奎 . 社会组织视角下的政府购买公共服务 [M]. 北京：中国社会科学出版社，2016.

[130] 雏鹰，杨芳勇，等 . "三社联动"社会工作专业主体性建构研究 [J]. 社会工作，2015（6）.

[131] ANSELL C & GASH A. Collaborative Governance in Theory and Practice. Journal of Public Administration Research and Theory, 2008,18(4):543–571.

[132] Bin Chen, Teffy L.Cooper & Rong Sun. Spontaneous or Constructed? Neighborhood Governance Reforms in Los Angeles and Shanghai.Public Administration Review 69(2009):108–115.

[133] CULPEPPER P D. Institutional Rules, Social Capacity, and the Stuff of Politics: Experiments in Collaborative Governance in France and Italy. Faculty Research Working Papers Series, RWP03–029.Cambridge, MA: John F. Kennedy School of Government, Harvard University, 2003:24–29.

[134] Ebdon, Carol, and Aimee L. Franklin. Citizen participation in budgeting theory. Public Administration Review, 2006(3).

[135] Gary Hamel. The Why, What, and How of Management Innovation. Harvard Business Review, 2006(2).

[136] George Jennifer. Community Governance of Green Urban Infrastructure: Lessons from the Australian Context. Urban Policy and Research., 2022,40 (4):335–350.

[137] M. Lacey–Barnacle, J. Nicholl.Energy Democracies for Sustainable Futures. Academic Prese, 2023:131–142.

[138]SALAMON L M. Training Professional Citizens: Getting beyond the Right Answer to the Wrong Question in Public Affairs Education. Journal of Public Affairs Education, 2005,11(1):7–19.

[139] Touraine A. The decline of the social.Comparative Sociology, 2003(3).

[140] Wen Z. Government Purchase of Services in China: Similar Intentions, Different Policy Designs.Public Administration & Development, 2017(1).

[141] Walter Leal Filho, Joost Platje, Wolfgang Gerstlberger, Remigijus Ciegis. The role of governance in realising the transition towards sustainable societies. Journal of Cleaner Production. February 2016:755–766.

附录 1

社区多元治理主体协同度问卷

尊敬的朋友：

您好！我们正在研究城市社区多元主体治理协同度问题，现以问卷方式进行调研。问卷不记名，也没有对错之分，希望您能根据自身的实际情况和亲身感受进行打分，请在选项前的"○"内打钩（"√"）。非常感谢您的支持与帮助！

"三社联动"助推社区治理创新课题组

您的性别：○男　　○女

您的年龄段：○ 18 岁以下　○ 18—30 岁　○ 31—40 岁　○ 41—50 岁
　　　　　　○ 51—60 岁　○ 60 岁以上

您的学历：○硕士及以上　○本科 / 大专　○高中 / 中专　○其他

您在社区中的角色：○政府机关工作人员　○社区"两委"委员
　　　　　　　　　○社会组织负责人、成员　○专业社工
　　　　　　　　　○志愿者　○企业工作人员　○社区居民

一、治理主题有效参与度评价

1. 构建多元协商平台情况：○ 5 分　○ 4 分　○ 3 分　○ 2 分　○ 1 分

2. 召开多元协商会议情况：○ 5 分　○ 4 分　○ 3 分　○ 2 分　○ 1 分

3. 了解社区居民需求情况：○ 5 分　○ 4 分　○ 3 分　○ 2 分　○ 1 分

4. 为社区配备基础设施情况：○ 5 分　○ 4 分　○ 3 分　○ 2 分　○ 1 分

5. 采纳居民建议情况：○5分　○4分　○3分　○2分　○1分

6. 支持各主体参与治理情况：○5分　○4分　○3分　○2分　○1分

7. 社会组织介入社区治理情况：○5分　○4分　○3分　○2分　○1分

8. 专业社工提供专业化服务情况：○5分　○4分　○3分　○2分　○1分

9. 社会组织与居民关系情况：○5分　○4分　○3分　○2分　○1分

10. 居民意见反馈渠道情况：○5分　○4分　○3分　○2分　○1分

11. 居民参与社区活动情况：○5分　○4分　○3分　○2分　○1分

12. 社区居民参与意愿情况：○5分　○4分　○3分　○2分　○1分

13. 组织动员志愿者情况：○5分　○4分　○3分　○2分　○1分

14. 项目开展情况：○5分　○4分　○3分　○2分　○1分

15. 组织居民代表座谈情况：○5分　○4分　○3分　○2分　○1分

16. 驻街单位对社区资源提供情况：○5分　○4分　○3分　○2分　○1分

17. 慈善资源介入社区服务情况：○5分　○4分　○3分　○2分　○1分

18. 企业参与社区治理情况：○5分　○4分　○3分　○2分　○1分

二、外部环境发展度评价

1. 政策制定及牵引社区治理情况：○5分　○4分　○3分　○2分　○1分

2. 政策内容促进主体协同情况：○5分　○4分　○3分　○2分　○1分

3. 政策公开情况：○5分　○4分　○3分　○2分　○1分

4. 社区治理政策落实情况：○5分　○4分　○3分　○2分　○1分

5. 社区共同体意识：○5分　○4分　○3分　○2分　○1分

6. 社区文化建设情况：○5分　○4分　○3分　○2分　○1分

7. 社区多元治理主体价值观达成情况：○5分　○4分　○3分　○2分　○1分

三、治理机制完善度评价

1. 注重机制构建：○5分　○4分　○3分　○2分　○1分

2. 形成运行机制：○5分　○4分　○3分　○2分　○1分

3. 建立保障机制：○5分　○4分　○3分　○2分　○1分

4. 健全利益诉求表达机制：○5分　○4分　○3分　○2分　○1分

5. 建立监督评估机制：○ 5分　　○ 4分　　○ 3分　　○ 2分　　○ 1分

6. 完善人才激励机制：○ 5分　　○ 4分　　○ 3分　　○ 2分　　○ 1分

四、信息资源贡献度评价

1. 信息发布平台建设情况：○ 5分　　○ 4分　　○ 3分　　○ 2分　　○ 1分

2. 信息及时性：○ 5分　　○ 4分　　○ 3分　　○ 2分　　○ 1分

3. 信息共享情况：○ 5分　　○ 4分　　○ 3分　　○ 2分　　○ 1分

4. 共享信息的价值：○ 5分　　○ 4分　　○ 3分　　○ 2分　　○ 1分

附录 2

城市社区多元主体协同度测度指标			评分赋值				
一级指标	二级指标	三级指标	5分	4分	3分	2分	1分
主体有效参与度 A	政府参与度	构建多元协商平台情况					
		召开多元协商会议情况					
		了解社区居民需求情况					
		为社区配备基础设施情况					
		采纳居民建议情况					
		支持各主体参与治理情况					
	社会参与度	社会组织介入社区治理情况					
		专业社工提供专业化服务情况					
		社会组织与居民关系情况					
		居民意见反馈渠道情况					
		居民参与社区活动情况					
		社区居民参与意愿情况					
		组织动员志愿者情况					
		项目开展情况					
		组织居民代表座谈情况					
	市场参与度	驻街单位对社区资源提供情况					
		慈善资源介入社区服务情况					
		企业参与社区治理情况					
外部环境发展度 B	政策环境	政策制定及牵引情况					
		政策内容促进主体协同情况					
		政策公开情况					
		社区治理政策落实情况					

城市社区多元主体协同度测度指标			评分赋值				
一级指标	二级指标	三级指标	5分	4分	3分	2分	1分
外部环境发展度 B	文化环境	社区共同体意识					
		社区文化建设情况					
		社区多元治理主体价值观达成情况					
治理机制完善度 C	治理机制建设	注重机制构建					
		形成运行机制					
		建立保障机制					
		健全利益诉求表达机制					
		建立监督评估机制					
		完善人才激励机制					
信息资源共享度 D	信息公开	信息公布平台建设					
		信息及时性					
		信息共享情况					
		共享信息的价值					